THINKr
新思

新一代人的思想

铁与血

BLOOD
AND
IRON

德意志帝国
的兴亡

1871-1918

KATJA HOYER [德]卡佳·霍耶 —— 著　徐一彤 —— 译

中信出版集团 | 北京

图书在版编目（CIP）数据

铁与血：德意志帝国的兴亡，1871—1918 /（德）卡佳·霍耶著；徐一彤译. -- 北京：中信出版社，2022.2

书名原文：Blood and Iron: The Rise and Fall of the German Empire 1871-1918

ISBN 978-7-5217-3804-9

Ⅰ.①铁… Ⅱ.①卡… ②徐… Ⅲ.①德意志帝国－历史 Ⅳ.① K516.42

中国版本图书馆 CIP 数据核字（2021）第 242831 号

Blood and Iron: The Rise and Fall of the German Empire 1871-1918
Copyright© Katja Hoyer, 2021. All Rights Reserved.
Authorised translation from the English language edition published by The History Press.
Simplified Chinese translation copyright © 2022 by CITIC Press Corporation
All rights reserved
本书仅限中国大陆地区发行销售

铁与血——德意志帝国的兴亡，1871—1918
著　者：[德]卡佳·霍耶
译　者：徐一彤
出版发行：中信出版集团股份有限公司
（北京市朝阳区惠新东街甲 4 号富盛大厦 2 座　邮编　100029）
承　印　者：北京诚信伟业印刷有限公司

开本：880mm×1230mm　1/32　　印张：8
插页：4　　　　　　　　　　　　字数：120 千字
版次：2022 年 2 月第 1 版　　　　印次：2022 年 2 月第 1 次印刷
京权图字：01-2021-6778　　　　　书号：ISBN 978-7-5217-3804-9

定价：59.00 元

版权所有·侵权必究
如有印刷、装订问题，本公司负责调换。
服务热线：400-600-8099
投稿邮箱：author@citicpub.com

Contents 目录

序章   I

第一章 崛起：1815—1871

1815：德意志人挺身而出	3
1815—1840：两个德意志的交锋	9
1840—1848：德意志的革命	17
1850—1862："容克疯少爷"崛起	25
1862—1867：铁与血	34
1868—1871：帝国诞生	41

第二章 俾斯麦的帝国：1871—1888

一个全新的帝国：宣言与宪法	49
同床异梦：俾斯麦与民族自由党	57
德意志的恺撒？帝国的治理之道	62
"文化斗争"：俾斯麦与德国天主教	68
德国制造：帝国成为经济大国	75
什么是德意志？俾斯麦统治时期的德国社会	81
社会问题：俾斯麦与工人阶级	91
外交政策	98

第三章

三帝一相：1888—1890

1888：三帝之年	105
1888—1890：两个舵手	108
1890：踢走领航员	110

第四章

威廉二世的帝国：1890—1914

君主亲政还是"影子皇帝"？	115
经济大国德意志	121
新路线：列奥·冯·卡普里维时期，1890—1894	127
霍恩洛厄侯爵与权力格局的重塑：1894—1900	134
"世界政策"：争取优势地位	140
文化	146
比洛与贝特曼-霍尔维格：寻求共识，1900—1914	153
丑闻缠身的皇帝	160

第五章

**大灾难：
1914—1918**

1914年的精神	171
简述第一次世界大战：1914—1918	178
沉默独裁	184
战时经济	192
苦难与牺牲	198
德意志帝国的灭亡	205

结论　全剧终？	213
注释	221
参考书目	227

德意志的统一（1815—1871）

- 普鲁士王国（1815—1866）
- 1866年普鲁士吞并的领土
- 1867年加入普鲁士主导下北德意志邦联的领土
- 1871年并入普鲁士主导下德意志帝国的领土
- 1871年法国割让给德意志帝国的阿尔萨斯-洛林地区
- 德意志邦联（1815—1866）

北海

石勒苏益格
荷尔
汉
不来梅
阿姆斯特丹
荷兰王国
汉诺威
普
英国
黑森
伦敦
科隆
法兰
莱茵河
英吉利海峡
比利时
巴伐利亚
普法尔茨
卢森堡
巴
符
塞纳河
洛林
巴黎
斯特拉斯堡
阿尔萨斯
巴登
卢瓦尔河
法国
瑞士
罗讷河
0 100 200
英里
里昂
撒丁王国

瑞典

波罗的海

柯尼斯堡

但泽

梅克伦堡

普

鲁

士

王

国

马格德堡

柏林

波森

维斯瓦河

华沙

波兰

奥得河

易北河

德累斯顿

布雷斯劳

萨克森

西里西亚

×萨多瓦

波希米亚

摩拉维亚

多瑙河

奥地利

维也纳

奥地利

布达 ●佩斯

蒂萨河

帝国

蒂罗尔

德劳河

匈牙利

的里雅斯特

威尼斯

萨瓦河

奥斯曼帝国

德意志帝国（1871—1918）

- 北海
- 石勒苏益格-荷尔斯泰因
- 吕贝克
- 梅克伦堡-什未林
- 汉堡
- 奥尔登堡
- 不来梅
- 汉诺威
- 梅克伦堡-施特雷利茨
- 绍姆堡-利珀
- 不伦瑞克
- 萨克森
- 柏林
- 普鲁士王国
- 利珀
- 勃兰登堡
- 威斯特伐利亚
- 汉诺威
- 安哈尔特
- 萨克森
- 瓦尔德克
- 黑森-拿骚
- 图林根诸邦
- 德累斯顿
- 莱茵兰
- 萨克森王国
- 黑森
- 黑森-拿骚
- 黑森
- 巴伐利亚普法尔茨
- 卡尔斯鲁厄
- 阿尔萨斯-洛林
- 斯图加特
- 巴伐利亚
- 符腾堡
- 慕尼黑
- 巴登
- 霍亨索伦-锡格玛林根

波罗的海

东普鲁士

西普鲁士

拉尼亚

波森

西里西亚

王国
普鲁士
巴伐利亚
萨克森
符腾堡

大公国
巴登
黑森
梅克伦堡-什未林
梅克伦堡-施特雷利茨
萨克森-魏玛★
奥尔登堡

公国
不伦瑞克
萨克森-迈宁根★
萨克森-阿尔滕堡★
萨克森-科堡-哥达★
安哈尔特

侯国
施瓦茨堡-松德斯豪森★
施瓦茨堡-鲁多尔施塔特★
瓦尔德克
罗伊斯（长系）★
罗伊斯（幼系）★
绍姆堡-利珀
利珀

汉萨自由市
吕贝克
不来梅
汉堡

帝国领地
阿尔萨斯-洛林

带★者为图林根诸邦

图例：
- 普鲁士
- 普鲁士王国省界
- O 奥尔登堡所属
- M 梅克伦堡-施特雷利茨所属
- S 普鲁士王国萨克森省所属
- H 黑森-拿骚所属

0　50　100
英里

序章

在1871年1月17日，冬日里晴朗而寒冷的早晨，普鲁士国王威廉一世的精神突然变得高度紧张。最终，这位老人的情绪彻底失控，他啜泣着说："明天就是我有生以来最悲惨的日子！我们将要见证普鲁士君主传统的灭亡，而俾斯麦伯爵，这一切都是你的错！"此时，一位传奇的皇帝即将登上历史舞台，统一全德意志，73岁的老国王威廉似乎并不适合扮演这样的角色，但现在人人都期待他承担起这项职责。第二天，即1871年1月18日正午前后，数百名普鲁士军官、贵族，以及参加过普法战争的德军各部队代表在凡尔赛宫镜厅集合。军乐队演奏的乐声通过高高的窗户飘入华美的殿堂，与人群热烈的讨论声交织在一起。接着，大厅一端的双扇大门被打开，威廉一世、弗里德里希王太子和德意志各邦代表排成庄重的队列，徐徐进入大厅，四周瞬时鸦雀无声。在场的人们意识到,自己正在见证一个历史性的,乃至传奇性的时刻。

在仪式上,威廉国王重振精神,庄严地接受了德意志各邦王公奉上的皇帝头衔。但从这一刻起,这个新生的德意志国家已然呈现出命途多舛的迹象。作为德意志国家的君主,威廉没有采用"德意志皇帝"的头衔,而是选择了更为温和的"威廉皇帝",普鲁士国王的身份将永远在他心中占据最重要的位置。奥托·冯·俾斯麦,这个新生帝国的设计师与第一任宰相,也不是什么民族主义者,德意志在他眼中不过是普鲁士实力与影响力向外延伸的产物。他甚至故意将宣告德意志成立的日子选在了普鲁士的国庆日当天。威廉和俾斯麦需要驾驭的是一台松散的政治机器:南方各邦只是为了保护德意志同胞免受俾斯麦大力渲染的法国入侵威胁,才勉强同意加入联邦,有着"铁血宰相"之称的俾斯麦必须拼尽全力,维系这条脆弱易断的纽带。为此,他甚至不敢在德意志的任何一个邦国境内举行宣告帝国成立的仪式,只能将地点选在战败国法国的凡尔赛宫。这一决定也像是某种谶语,预示着斗争与战事将成为新生德意志帝国的核心主题。

一方面,俾斯麦可以借用数百年来不断累积的种种神话传说,为德意志的无数邦国赋予统一的民族身份。德意志帝国在创建之初的数十年里,在其境内修建了大量纪念碑,通过彰显古老的传说,为新生的德意志国家赋予集体记忆与历史意义。威廉一世甚至被宣布为中世纪名君弗里德里希·巴巴罗萨的转世。在一则脱胎于亚瑟王传说的德意志神话里,巴巴罗萨并没有死去,只是在图林根的基夫豪瑟山（Kyffhäuser）脚下长眠，有朝一日定会重返人世，恢复德意志的荣光。19世纪90年代，人们为纪念这个传说修建了一座巍峨的纪念碑。除此之外，包括格林兄弟在内，许多著名的德意志思想家宣称德意志的文化、语言和历史传统构成了一条超越地域分歧的强大纽带，这一看法也强化了人们对民族共同神话的信念。与此同时，工业革命的浪潮席卷欧洲已逾百年，德意志各邦如果不想在经济竞争中输给英法，就必须密切合作，共同调配物力、人力，推行更协调的政策。逐渐崛起的中产阶级也在这一时期看到了德语地区丰富的自然资源、优越的地理条件和勤劳肯干的文化传统：只要有人把德意志民族统一起来，就能使这些要素释放出巨大的潜力。

但另一方面，仅凭文化、经济和政治的纽带，还不足以建立统一的德意志民族国家。正如俾斯麦在1862年发表的著名演说中指出的那样，德意志民族的统一必须通过战争才能实现，这个说法在1871年以前得到了应验，在1871年以后也依然生效。俾斯麦决心通过对丹麦、奥地利和法国发起的一系列战争塑造出崭新的民族国家，正因如此，与外部敌人的斗争成了德意志帝国内部唯一具备凝聚力的共同历史经验。将39个邦国统一在一个联邦政府之下并不简单，帝国宪法的墨迹未干，这个体制就已经开始暴露出裂痕。俾斯麦知道，德意志民族没有经过数百年的培育，比起严丝合缝的统一整体，更像是马赛克的拼贴，只有以外敌的鲜血作为黏合剂，才能勉强维持。为此，他试图将对外斗争持续推行下去，以保全自己一手缔造的德意志帝国。

然而，这一策略充满风险。铁血宰相是一位精明的政治家，他的政治手腕在历史上堪称一流，他当然明白所谓欧洲协调体系在1871年有多么岌岌可危。在这个国际秩序的核心地带塞入一个新生的强权，无异于在世界级的管弦乐团中安插一个吹小号的孩童。俾斯麦知道，国际舞台上的新玩家首先必须保持低调，充分培养技能，逐步赢得老玩家们的尊重。因此，俾斯麦在短时间内不能再刻意制造对外冲突，而是要把注意力放到国内，寻找可用来团结大多数德意志人民的共同敌人。新成立的德意志帝国境内有波兰、丹麦、法兰西等多个少数族裔，俾斯麦可以将这些族裔放在对立面上，塑造德意志国民的独特身份。面对法国人时，他们应当以"德国人"自居，而不是自视为巴伐利亚人或普鲁士人。此外，宗教也是塑造民族身份的一条重要战线。德意志帝国境内三分之二的人口信仰新教，三分之一的人口信仰天主教。通过在德意志社会推行世俗化，俾斯麦试图用民族感情取代宗教信仰，制造新的身份标识，消除德意志国民间的隔阂。最后，具有国际主义色彩的社会主义运动也被认为对德意志民族身份的建构造成了潜在威胁。俾斯麦将社会主义者斥为国家之敌，试图以这个名义让全体国民继续与共同的"敌人"斗争。

在政局纷乱的1888年（"三帝之年"），新皇帝威廉二世即位后，很快在德意志统一问题上与俾斯麦爆发了冲突。和俾斯麦一样，威廉二世认为仅凭经济和文化上的共性不足以维持第二帝国的统一，但他对俾斯麦挑唆德意志人彼此斗争的做法深恶痛绝。威廉二世想要得到国民的爱戴，成为全德意志人民的皇帝，如果祖父威廉一世不愿成为弗里德里希·巴巴罗萨再世，他就要亲自接过这个传说的重担，带领德意志人民重建辉煌。威廉二世认为，德国不应在帝国内部寻找敌人，而应面向国外，与其他大国竞争列强地位，并在此过程中获得一条由铁与血铸就的牢固纽带，使帝国再无离心离德之虞。不难看出，这种相信对外斗争能使德国赢得"优势地位"、成为与英法并驾齐驱的强权、增强民族内在凝聚力的想法极不可靠，这最终确实也造成了第二帝国的灭亡；但27岁的皇帝年轻气盛，并不像铁血宰相那样老谋深算。1890年，心怀不满的俾斯麦愤然辞职，退出政治舞台，威廉二世由此成为这个动荡国家的舵手。俾斯麦是让德意志国家成为现实的必要人物，随着这位身经百战的政坛宿将下野，德意志的未来危机四伏。

威廉二世相信自己具有强大的个人魅力和君主威严，但他很快就意识到，长久以来横亘于帝国社会的宗教、阶级、地理、文化和族群等差异绝非自己的人格力量所能弥合。社会主义者不断发起罢工，天主教徒仍对普鲁士国王心存疑虑，波兰民族主义者则不断呼吁恢复属于波兰人自己的国家。如果能把德意志帝国建设成一个让国民感到骄傲的强盛国家，人们或许就会将德意志奉为唯一的效忠对象——但威廉寻求"优势地位"的危险努力，终将把年轻的德意志民族拖入一场残酷的斗争，迎来濒临灭亡的结局。

1914年第一次世界大战的爆发，起初令威廉二世皇帝颇感震惊。他没有想到，一场本应局限在巴尔干半岛上的地区性战争突然演变成了一场遍及全欧的大规模冲突。即便如此，他仍将这场战争视为凝聚全德意志人民的机会。1914年8月1日，他公开宣称："今天，我们所有人都是德意志的同胞兄弟，除此之外没有别的身份。"虽然最近的历史研究打破了长期以来的神话，表明德国社会在战争爆发时并非表现出全然的振奋，但当时的人们大多还是相信，自己的"祖国"必须得到捍卫。然而，第一次世界大战最终让年轻的德国失去了太多的铁与血。1918年11月，德意志民族一败涂地，皇帝的冠冕也被无情打落，德意志的剑与盾千疮百孔，战斗的意志荡然无存。宿敌法兰西全副武装，时刻准备着将德意志彻底摧毁。法国人主张，一个用战争建构民族认同的国家只要继续存在下去，就必将给世界带来刀兵之灾。最终，第二帝国将在凡尔赛宫镜厅被彻底摧毁，而那里正是它当初宣告诞生的地方。

　　与法国不同，英国和美国在第二帝国的残垣断壁上看到了另一个德国崛起的可能。俾斯麦为德意志播下了民主和经济繁荣的种子，这些默默增长的力量不断壮大，为德意志民族提供了一个截然不同的愿景：通过贸易、稳定和民主政治，德意志将在世界上寻回属于自己的身份与一席之地。不过，直到德意志在一场比第一次世界大战更惨烈的战争后彻底抛弃了暴虐好战的传统，这一理念的正确性才能得到证明。

　　德意志帝国自诞生伊始便为冲突所困扰，直到灭亡之日仍不能从中解脱。通过开放男性公民普选，俾斯麦固然接纳了自由主义的政治传统，让真正具有多元性的多党政治成为可能，但这种政治制度始终承受着来自顶层的普鲁士威权主义压力。鉴于不同群体间的认同分歧依旧深刻——这种分歧有时甚至盖过了统一的民族身份——俾斯麦和威廉二世都有意识地寻求持续冲突，借此催生帝国内部的凝聚力。虽然两人都没能在有生之年缔造一个繁荣而高度统一的德意志国家，他们仍在客观上帮助德国走上了富强民主国家的建设道路——无论他们的本意是否如此。

第一章

崛起：
1815—1871

"要解决当前的重大问题，应当依靠的不是演说和多数决议……而是铁与血。"

——奥托·冯·俾斯麦

1815：德意志人挺身而出

1813年，普鲁士国王弗里德里希·威廉三世发表题为《致人民》[1]的演说，以激情澎湃的语调恳请全体臣民贡献力量，将德意志从法国的占领下解放出来。但到底谁是"人民"，连国王自己似乎也不甚了然。演说伊始，国王设想的听众还是"勃兰登堡人、普鲁士人、西里西亚人、波美拉尼亚人、立陶宛人"；但随着演说的情绪色彩越发浓厚，他对听众的称呼转变成了"普鲁士人"；在最后呼吁国民齐心对抗"外敌"时，他又将人群称为"德意志人"。弗里德里希·威廉似乎知道，自己的臣民拥有多重的国族认同。在和平时期，强烈的地域归属意识遮蔽了国族情感，但在德意志对抗外敌的时刻，人们的地域意识也将退入幕后。在接下来的一个世纪里，德意志为建立民族国家而战的强烈执念将贯穿始终。

1815年，拿破仑在滑铁卢走入穷途末路；也正是在这一年，奥托·冯·俾斯麦出生了，这不得不说是一个有趣的巧合。和大多数同时代的德意志人一样，抗法战争的故事在俾斯麦的童年记忆里留下了浓墨重彩的印记。1806年，拿破仑率法军在耶拿与奥尔施塔特两场会战中大破普鲁士军队，将整个普鲁士王国纳为附庸。1807年，普鲁士迎来了在很多人看来比战败更悲惨的厄运：在《蒂尔西特条约》中，普鲁士不得不将易北河以西近半数领土与人民让给法国。这一让步极具羞辱性，弗里德里希·威廉国王也为此承受了巨大的压力。在之前法军进犯时，他曾因犹豫不定，给人们留下了优柔寡断的印象，也与伟大的先王弗里德里希二世形成了鲜明对比。弗里德里希二世戎马一生，还曾在1757年与法国交战，他时常身先士卒、深入险境，甚至有多匹坐骑因此中弹。凭借这些经历，他在民众当中赢得了"老弗里茨"这一亲昵的绰号。相较之下，弗里德里希·威廉能够夸耀的或许只有他那美丽而广受欢迎的妻子——路易丝王后。路易丝王后聪慧、坚毅，富有魅力，众所周知，她曾在蒂尔西特直面拿破仑，试图为普鲁士争取更有利的和约条款。她的努力虽然没有成功，却为她树立了良好的公众形象。然而，这也使弗里德里希·威廉的形象相较之下更显懦弱了。此时的他已从柏林逃到东普鲁士的边鄙之地，不但在会战中惨败，还失去了首都、尊严和人心。但普鲁士的悲惨遭遇也令许多德意志人义愤填膺。共同的屈辱与羞耻感或许无助于构建民族传统，但这确实在德意志人当中缔造了一种共抗外侮的纽带，可供未来的领袖利用。

奥托·冯·俾斯麦的父母新婚宴尔之际，法国军队攻占了他们位于易北河以东数英里外的故乡申豪森（Schönhausen），沿途肆虐乡里，犯下不少暴行。和德意志沦陷区的大多数人一样，当弗里德里希·威廉国王在1813年发出抗法号召时，卡尔·俾斯麦和他的妻子威廉明妮也为之欢欣鼓舞。为了恢复德意志的尊严与荣光，任何代价都是值得的，人们理应为此战斗乃至献出生命。然而，讽刺的是，弗里德里希·威廉本人的软弱至少在一定程度上激发了德意志社会空前高涨的民族抗战热情。1810年，34岁的路易丝王后英年早逝之后，她便成为德意志爱国主义运动的精神象征，这些运动将会促使一代又一代普鲁士政府号召全体德意志人共同参与统一大业。年轻的王后不惧拿破仑的强权、为普鲁士和德意志挺身而出的形象，也极大地鼓舞了陷入悲痛的弗里德里希·威廉国王。1812年冬天，随着拿破仑的大军在远征俄国期间终于遭受重挫，弗里德里希·威廉总算下定决心采取行动。他在1813年春天发表了重要演说，号召全体普鲁士人团结在国王之下，团结在（极具凝聚力的）"祖国"之下。来自不同阶层、信仰、性别、世代与地区的大批普通人响应国王的号召，加入志愿军部队，"捐金换铁"，成立慈善俱乐部与社团，并积极照顾伤员。

然而，将拿破仑赶出德意志的过程极为艰难。在一系列旷日持久的较量中，共有29万德意志人应征参战。1813年10月，战争终于在莱比锡会战中迎来高潮，交战双方在这场会战中动用的兵力多达50万，创下20世纪以前欧洲陆地战争史上的最高纪录。这场会战在后世也被称为"民族会战"，成为德意志通往民族国家之路上的一座里程碑。根据这一历史叙事，德意志人民在这场会战中奋起反抗法国侵略者，最终砸碎了外国统治的枷锁，实现了民族解放。早在1814年，已有人呼吁在莱比锡战场上设立纪念碑，恩斯特·莫里茨·阿恩特（Ernst Moritz Arndt）等哲学家也不断为此类诉求宣传造势。1898年，莱比锡"民族会战纪念碑"正式开工，碑体设计高度达299英尺*，即使在数英里外也清晰可见，其规模在今天仍堪称惊人。值得注意的是，这座纪念碑建造资金的主要来源不是联邦政府与帝国皇帝，而是民间捐赠与莱比锡市政当局拨款。1913年，超过10万民众参加了纪念碑的揭幕仪式，德意志民族国家诞生神话的影响力之大，由此可见一斑。

俾斯麦这一代德意志人几乎都是在1813年抗法战争（他们称之为"解放战争"）的英雄美谈与无畏气概的熏陶下长大的。1813年响应国王号召入伍的120 565名志愿兵组成了名为"后备军"（Landwehr）的部队，是普鲁士陆军（总兵力为29万人）的一部分。除了这些部队，还有许多来自普鲁士和其他德意志邦国的志愿兵组成"自由军团"（Freikorps），加入抗法战争。这些志愿兵之所以成为国族神话的一部分，不仅仅是因为他们在抗法战争中表现出旺盛的斗志，促成了拿破仑的最终落败，更为重要的是，与宣

---

* 1英尺约为0.3米。——编者注

誓效忠于普鲁士王国的正规军不同，这些人效忠的对象是他们的德意志祖国。在这些部队中，吕佐夫（Lützow）志愿军曾为普鲁士作战部队提供八分之一兵力，他们所使用的制服配色最终成为德意志爱国主义运动经久不衰的象征——德国的黑红黄三色旗正是从这支部队的黑色制服、红色绳边和金色铜纽扣中衍生出来的。

有趣的是，与英国和法国的集体记忆不同，1815年6月18日的滑铁卢战役在德意志民族的历史观念中并未占据核心地位。诚然，最终击败拿破仑对德意志人来说是件好事，而普鲁士和奥地利在反法同盟中的作用确实也得到了承认，并在击败拿破仑之后的和会中受到尊重与严肃的对待。但在德意志爱国主义者看来，莱比锡才是本国历史真正的决定性时刻。与普鲁士军队在荷兰土地上参与的宏大决战相比，在德意志腹地爆发的"民族会战"更具吸引力。即便如此，1815年仍是德意志和欧洲其他地区历史的一个分水岭。从这一年起，新的地缘政治格局开始形成，德意志诸邦终于有机会在其中为自己占据一席之地。

维也纳和会（1814—1815）的艰难谈判令普鲁士深感屈辱与不安。普鲁士王国自认在土地划分问题上有话语权，试图将萨克森王国的土地纳入自己名下，好将势力范围伸入德意志中部。普鲁士的主张得到英国外交大臣卡斯尔雷子爵的支持，却遭到奥地利帝国外交大臣克莱门斯·冯·梅特涅伯爵的坚决反对。当时，奥地利是和会的东道国，也是一个在政治和经济上相对发达的德意志邦国，普鲁士因此不得不做出妥协，同意瓜分萨克森王国，从中获得约40%的土地。值得注意的是，普鲁士方面在瓜分萨克森时指名要求获

第一章 崛起：1815—1871

取维滕贝格（Wittenberg），那里正是近3个世纪前马丁·路德发布《九十五条论纲》、发起宗教改革的地方。这段历史早已成为德意志统一运动的核心篇章：学生与知识分子在瓦尔特堡（Wartburg）举行大规模政治集会，那里正是路德被天主教会宣判为异端后曾避居300天的地方；更重要的是，马丁·路德也正是在那里将《圣经》翻译成德文。他之所以受到统一运动的尊崇，既是由于他对德意志语言统一所产生的重要影响，也是由于新教徒爱国者在他发起的宗教改革和300年后的抗法解放战争之间发现了许多相通之处。他们相信，无论面对的是法国的拿破仑还是罗马教皇，德意志终将凭借自身实力与人民意志打破外敌的桎梏。对信奉天主教的奥地利而言，将维滕贝格让给普鲁士并无大碍，但在普鲁士谈判代表看来，拿下维滕贝格是他们在和会中必须达成的目标。

在维也纳和会决定的其他版图划分方案中，对日后德意志帝国的建立影响最为深远的，是莱茵河沿岸的大片土地被划给了普鲁士。英国希望在中欧建立起一个可靠而稳健的德意志强国，以遏制法国的潜在扩张倾向，填补奥地利的哈布斯堡王朝势力退出比利时后留下的权力空白。因为奥地利也不愿维持对心怀不满的比利时人费力不讨好的统治，并乐于将这一重担转交给普鲁士，于是，各方轻松达成了共识。就这样，普鲁士以一种出乎意料的方式，将整个德意志北部纳入自己的势力范围。虽然这些位于西方的新领地与普鲁士王国传统的领地之间还隔着汉诺威、不伦瑞克和黑森-卡塞尔等小国，有些美中不足，但普鲁士借此将势力扩张到莱茵河一带，令自身的实力、资源和人口大大增长，并为几十年后的霸权奠定基础。

因此，1815年是德意志帝国崛起历程中关键的转折点。在拿破仑以前，德意志民族主义虽已颇具文化影响力，仍只是历史的暗流，直到拿破仑的侵略让德意志陷入存亡危机，民族主义才终于成为将大众团结起来的旗帜。人们不但踊跃入伍，组成后备军与自由军团抗击法国，扭转了解放战争的局势；而且坚持不懈地发起"捐金换铁"等民间运动，支持抗法斗争。在这一时期，德意志各邦的男女老幼都切身体会到自己的语言、文化和萌芽中的民族国家正面临着迫在眉睫的威胁，很多人都为保卫这些宝贵的财富付出了巨大的牺牲。这种集体经历与记忆形成了极为强大的心理纽带。正如历史学家尼尔·麦格雷戈（Neil MacGregor）在其讲述德意志文化史的名著中所指出的那样，拿破仑战争的经历对德意志人的凝聚效应，只有200年前惨烈的三十年战争可以匹敌。一种牢固的防御性民族主义精神开始在德意志形成，它推动了德意志帝国的建立，也将把帝国带向毁灭。

1815—1840：两个德意志的交锋

维也纳和会期间，许多德意志民族主义者密切关注着各国的谈判局势，期待着新的欧洲版图上能够诞生出一个更趋统一的德意志。然而，由于奥地利帝国极力遏制德意志各邦在普鲁士主导下实现紧密联合的趋势，民族主义者们的希望遗憾落空。此时的普鲁士仍承认奥地利的强势地位，希望建立一种普奥合作的新体系，通过某种形式的联盟对较小的德意志邦国共同施加影响。普鲁士方面认为，为了实现这一点，德意志各邦需要一个拥有实质权力，可以制定并落实政治、经济与社会政策的中央政府。与此相对，奥地利方面却担心这样的动作会令自己失去更高等级霸权的身份，下降到与普鲁士王国对等的地位。因此，奥地利外交大臣克莱门斯·冯·梅特涅提出以奥地利为首，建立一个更松散的德意志邦联。鉴于主导维也纳和会的英奥两国一致赞成，会议的最终决议还是摒弃了普鲁士提出的方案，采纳了梅特涅的设想，德意志邦联（Deutscher Bund）由此成立。

德意志邦联不但令普鲁士精英阶层失望，也让很多不久前在抗法战争中倾尽所有、期待着从这场伟大斗争中创造实质性结果的普通人深感失望。这一方案并非没有积极的一面：新成立的邦联至少没有让德意志倒退回邦国分立的神圣罗马帝国时代。为了控制自己新征服的德意志土地，拿破仑曾以威逼利诱的手段迫使德意志各小邦结成莱茵邦联，该组织在1808年包括了36个邦国，只有奥地利、普鲁士这两国及其附庸被排除在外。德意志邦联在很大程度上复刻了这个广泛而松散的联盟模式，只是将成员国的数量增加至39个。与数百个政治实体拼凑而成的神圣罗马帝国相比，这或许标志着一种进步，但在权力的集中程度上，德意志邦联并不比神圣罗马帝国强多少。邦联唯一的共同机构"邦联议会"（Bundesversammlung）本质上并不是对各邦国拥有立法权的议会，只是一个定期召开的外交官会议，这样的机制无法主导任何实质性的经济、政治或社会层面的协作。更令普鲁士感到屈辱的是，德意志邦联的主席始终由奥地利担任，没有任何轮换或选举安排。近来，一些历史学家开始对"德意志邦联组织松散"的旧观点提出质疑，他们指出所有成员邦国都不能退出邦联，邦联法律的效力在原则上也凌驾于各邦法律之上。这两点都符合史实，但在现实中，除了要求所有成员国共同抵御外敌侵犯以外，德意志邦联从未对所有成员国施加过统一的决议。与神圣罗马帝国相比，德意志邦联朝着德意志统一迈进了一步，它的成员国数量更少，更易于协调，各邦在遭到攻击时，其他邦国也负有共同御敌的军事义务（相比之下，神圣罗马帝国的皇帝只能通过谈判与诸侯达成脆弱的联盟）；但归根结底，这个"德意志邦联"不过等同于一项共同防御协定。

邦联方案在爱国热情高涨的理想主义者之中引起了巨大的不满。与奥地利主导的松散邦联相比，他们本希望采取更加实际有效的办法来解决德意志问题。这些爱国者梦想建立一个德意志人的民族国家，但实现这一目标的希望依旧无比渺茫。在抗法解放战争后的民族主义运动余波中，还有很多承载着这种不满情绪的历史遗产，其中之一就是学生中的民族主义者在德意志各大学建立的社团"兄弟会"（Burschenschaften）。从那时起，耶拿大学便成为这些社团的精神故乡，这一地位至今依然没有改变。1815年，德国最早的大学兄弟会在耶拿大学成立，其成员将黑、红、金三色旗帜作为社团的旗号。这些热忱的知识青年因民族主义理想在维也纳和会中落空而愤怒不已，于是开始组织集会游行，最终为1848年的革命埋下种子。在1817年"瓦尔特堡节"和1832年汉巴赫（Hambach）城堡学生游行等活动中，他们的思想不断碰撞，最终汇聚成一股寻求民族统一，呼吁民主、个人权利和自由主义的声音。

青年学生们的呼声在知识界得到了诸如哲学家费希特、黑格尔（他们都与耶拿颇有渊源）等人的支持。近来的研究发现，将这两位哲学家称为"德意志民族主义者"的观点是19世纪晚期思潮的产物，这种定义并不妥当。在19世纪八九十年代，德意志帝国的学者试图把费希特与黑格尔奉为帝国意识形态的鼻祖，关于这两人的片面却又经久不衰的形象由此诞生。不过我们仍然无法否认，这两位思想家极富影响力，并且对19世纪上半叶的自由民族主义运动的发展方向产生了巨大影响。在这一时期，恩斯特·莫里茨·阿恩特等民族主义作家也在呼吁德意志统一的政治运动中扮演了核心角色，由他作词的歌曲《什么是德意志祖国？》（*Was ist des Deutschen Vaterland?*）曾几乎被奉为实质意义上的国歌。

在大众文化领域，格林兄弟也在拿破仑战争结束后推动了德意志文化统合的进程。在1812年到1815年间，他们将诸多德国童话故事汇编出版。这些故事的内容并无原创之处：此前几个世纪里，大灰狼、被困在塔中的女孩和森林里的巫师一直是德语恐怖童话的主题。不过，通过将口传童话结集出版，格林兄弟为这些故事赋予了统一的书面语言形式。他们有意识地生产面向全体德语使用者的文化产品，力图统一人们的语言模式、道德观念与童年记忆,通过一代又一代的积累形成共同的文化纽带。很多童话故事都以服从为主题,故事中的儿童常常因为不听长辈的教诲而遭遇可怕的命运。《小红帽》就是其中一个例子:小红帽的母亲吩咐她带着蛋糕和红酒穿过黑暗的森林,前去探望生病的外婆。母亲在出发前明确叮嘱年幼的女儿不要偏离道路,这一情节本不见于夏尔·佩罗(Charles Perrault)的法语版,是格林兄弟添加进去的。当然,小红帽最终还是在大灰狼的引诱下偏离了道路,大灰狼得以抢先一步赶到外婆家吃掉了外婆,又在狡诈的乔装改扮后吃掉了天真的小红帽。在这种故事的熏陶下,每一个德国儿童都牢牢记住了不听从长辈教导的可怕后果。森林是格林童话里反复出现的场景,它总是充斥着危险与黑暗,与安宁祥和的村庄形成鲜明对比。在这些故事里,勇敢的男性猎人总是敢于踏入险境,成为拯救局面的英雄。由此,一套普遍的文化意象与道德形象也通过故事被创造出来。这些童话故事看似无关紧要,但共同的童年文化记忆对群体心理的影响不可小觑。连同抗法解放战争中的牺牲所铸就的强大纽带,格林兄弟对德意志语言和文化施加的影响进一步增强了德意志的"民族"(volk)归属感,即身为"德意志人"的自我认知。

  第二次世界大战结束以来,"民族主义"时常成为右翼政治的代名词。但我们必须明确意识到,19世纪欧洲的民族主义曾具有浓厚的自由主义与浪漫主义理想色彩。和格林兄弟一样,那时不少人都相信民族文化、认同和语言中蕴含着真正的美。卡斯帕·大卫·弗里德里希(Caspar David Friedrich)等浪漫派画家在当时大受欢迎。卡斯帕常常在画作中描绘俯瞰着德意志标志性景观的忧郁人像，强调德意志人民与其土地之间的神秘联结，他在1818年绘制的名作《云海漫游者》便是最广为人知的一例。在这之后，绘画界开始热衷于描绘女神日耳曼尼亚（Germania），这位孔武有力的巾帼英雄时刻准备着投身战场，她是德意志民族的人格化象征。与日耳曼尼亚女神形成对比的，是象征法兰西的女神玛丽安娜（Marianne），她在绘画中往往更显阴柔，代表的是自由与美，而非勇气和斗志。就这样，浪漫主义、自由主义和民族主义的思潮开始在德意志携手并进。

在维也纳和会后，欧洲各地的保守派当权者仍忙于压制法国大革命的余波。与此同时，德意志民族主义者则呼吁建立一个中央集权国家，希望能够借此建立起拥有实质权力的议会政治，削弱君主的专制统治。当这些民族主义者看到几大欧洲强权合谋维护现有政治秩序，拒斥改革的现实情况后，他们感到极度失望。但自由主义的车轮一旦转动起来，就很难再受到控制了。弗里德里希·威廉国王在1813年号召志愿兵入伍抗法的演说中不得不对国民做出让步，如果此时在这些问题上食言，只会激起民众的愤怒。在整个19世纪30年代中，各地起义的规模虽然不大，却越来越频繁。1833年4月，一些学生甚至试图扰乱邦联议会在法兰克福召开的议事会，局势一度紧张到普鲁士与奥地利都派兵进入法兰克福维持秩序。德意志内部的两大强权虽然彼此对立，却在同一点上达成了共识：两个邦国的政府都不惜任何代价压制一切激进政治改革的呼声。普鲁士与奥地利共同领导了一场保守派反攻，力图遏制德意志土地上成长起来的自由主义思潮。它们引入了审查制度，对德意志人民的政治活动严加监管。然而，这种高压体制只会让愤怒情绪持续发酵，直到1848年，民众的怒火终于爆发。

普鲁士在1815年分得的莱茵河流域为该国带来了巨大的经济利益。鲁尔区的煤田是世界上最大的煤田之一，亚琛附近与萨尔地区也有大量的煤炭矿藏。此外，科布伦茨附近的矿区储有大量铁矿石，其他重要资源如铅、锌、铜、板岩等，储量也十分丰沛。不过，在这些资源中，煤炭的地位最为重要。由于本国经济以农业为主，领土多位于中欧工业欠发达地带的奥地利当初并未意识到，这片莱茵河畔的沃土将给普鲁士带来多么强大的经济实力。有人曾称莱茵兰地区为"普鲁士王冠上最璀璨的宝石"，[2]这一说法恰如其分。

现在，普鲁士面对的唯一难题在于如何利用德意志邦联机制，最大程度地开发其西部新领土的经济资源。因为王国的新版图被分成互不相连的东西两部分，普鲁士不得不与夹在中间的小邦国逐一谈判，商定越境交通和关税规则等一切具体事宜。莱茵兰地区庞大的经济资源诱发了一场铁路兴建热潮，这里也具备大规模铁路建设的条件。1838年，普鲁士王国在柏林与波茨坦之间修建了第一条铁路，但这只是个很小的开端，普鲁士必须加倍努力，才能赶上以英国为首的其他西欧国家在工业革命中一日千里的发展步伐。为此，德意志各邦的经济协作不仅仅是有益的，更是必要的。鉴于奥地利不可能伸出援手，普鲁士决心单方面

第一章 崛起：1815—1871

推动这一进程，在 1834 年设立了德意志关税同盟（Zollverein）。梅特涅侯爵对此不以为然，奥地利因此也从未加入该组织。关税同盟的确立，使德意志各邦能够协同规划基础设施，自由调动人员和资源，从而最大限度地开发德意志的工业潜力。关税同盟也让普鲁士得以从经济上统合德意志，这是参加 1815 年维也纳和会的列强没能预见到的。到 1866 年，德意志关税同盟在地图上的范围已与 1871 年德意志帝国的版图极为相近，史学家威廉·卡尔（William Carr）曾准确地将这一组织描述为"撬动德意志统一进程的强力杠杆"。

但在 19 世纪 30 年代，无论德意志各地在意识形态、文化和经济上的融合趋势有多么强大，真正能让德意志人团结起来的不是话语或金钱，而是来自境外的敌人，这个敌人就是德意志的老对手——法兰西。1830 年，法国的七月革命推翻了查理十世的波旁王朝复辟政权，将奥尔良公爵家族的路易·菲利普扶上王位。虽然新的君主政权与人民主权的原则紧密联结，君主权力如今来自人民而非神授，但奥尔良王朝的统治仍然不断受到共和派势力的挑战，这些人希望彻底消灭君主制。因此，努力争取民众的支持与认同，成了路易·菲利普在位时的统治重心。1840 年，随着法国当局在埃及扩大影响力的图谋失败，由此引发的"东方危机"在法国国内外造成极为难堪的政治局面，进一步动摇了法国的君主政治。为了转移公众对这场惨败的注意力，时任法国首相的阿道夫·梯也尔[3]决定在靠近法兰西本土的地方制造新事端。他提出法兰西与德意志应以莱茵河为天然疆界，还动员了近 50 万志愿兵，以表明自己态度严肃。公平地说，法国政府对梯也尔的举动很不满，国王路易·菲利普也在当年 10 月罢免梯也尔，任命立场更温和的弗朗索瓦·基佐继任首相。而莱茵河彼岸的德意志邦联也发挥了它的外交职能，力求和平解决危机，但一切为时已晚。关于拿破仑战争以及更早时期法德冲突的种种痛苦记忆在两国民众间掀起了民族情绪狂潮。在德意志地区，新的爱国歌曲不断涌现，例如尼古劳斯·贝克尔的《自由的德意志莱茵河绝不会落入他们手中》(*Sie sollen ihn nicht haben, den freien deutschen Rhein*)，马克斯·施内肯布格尔的《守卫莱茵河》(*Die Wacht am Rhein*)，等等。其中最著名的当数霍夫曼·冯·法勒斯雷本作词的《德意志之歌》(*Das Deutschlandlied*)，它至今仍是德国的国歌。作为一个夹在俄法之间，缺乏清晰天然边界的欧陆国家，德意志的民族性格对外部侵略的威胁极度敏感。无论什么政治主张、童话故事还是经济利益，都不能像外敌威胁那样在德意志人心中唤起保卫民族的强烈情绪与深刻意识。

1840—1848：德意志的革命

"德意志的历史迎来了转折点，却没能发生转折。"[4] A.J.P. 泰勒的作品《德国历史的进程》出版已近 80 年，但他在书中对 1848 年革命的著名论断仍历久弥新。保守派精英竭力压制法国大革命的思想，而起义与政治动荡却席卷了整个欧洲。但在德意志，这场革命的形式多少有些不同。此时，德意志人的民族归属感正不断加深，但对德意志未来统一的具体形式，人们因构想不同而产生的分歧也越来越大。最终，1848年革命未能给德意志带来立竿见影的实质性变化，却激发了许多股持续影响着德国历史的强势力量，这些潮流有正向的，也有反向的。

随着1840年莱茵河危机引发的民族主义热潮逐渐退去，主持德意志邦联的当权者们逐渐失去了民众的支持，对社会与政治改革停滞的不满情绪再次出现。人们对年老的梅特涅主政的奥地利不再抱有任何期望：捍卫旧制度可谓是这位侯爵30年政治生涯的唯一主题。于是，自由派与改革派人士开始把希望寄托在普鲁士身上。弗里德里希·威廉三世不是曾一再承诺立宪，直到1815年维也纳和会召开前夕还重申过这一想法吗？政治活动家们在19世纪30年代发起多次集会，敦促他兑现承诺，但随着1840年弗里德里希·威廉三世在持续发热后去世，被埋葬在他心爱的王后路易丝身旁，许多人逐渐谅解了这位老国王，并对他的儿子弗里德里希·威廉四世抱有期待。不过，新王打碎了他们对变革的幻想。弗里德里希·威廉四世曾留下一句名言："我和我的人民之间不存在任何契约。"他坚信君权神授，认为自己的权柄来自上帝而非国民，和臣民缔结契约的想法与他的理念背道而驰。

如果执政的是其他君主，德意志人民或许还会容忍这种观点，但不幸的是，弗里德里希·威廉四世在最近几代普鲁士国王中，恰恰是最缺乏领袖魅力的一位。他从小就被朋友和家人称呼为"比目鱼",这个绰号是在嘲笑他身材臃肿、脖子短且仪态糟糕。弗里德里希·威廉四世除身体特征以外的缺陷也很快暴露出来:他在政治上缺乏眼光,又拙于口舌,他的政治形象与他的体态一样不堪。在整个19世纪40年代,无论国王的支持者还是反对者,都把他当成一个笨手笨脚、优柔寡断的蠢货。弗里德里希·威廉四世起初想通过略微放松审查制度、释放部分政治犯来讨好改革派势力,这些尝试却被视为笨拙的政治作秀。与此同时,他的弟弟,即日后成为第一代德意志帝国皇帝的威廉亲王却跃跃欲试,想要在掌管国王骑兵的职位上扬名立万,这无疑让国王的处境更加糟糕。每逢弗里德里希·威廉四世面对暴动或游行示威而踌躇不定时,威廉亲王都会出兵介入,以流血与暴力镇压骚乱。威廉曾有一个著名的论断:"只有军人才能对付民主派。"比目鱼国王和暴虐亲王的组合在激进派及温和派人士中都引起了反感,进一步煽动了19世纪40年代的革命之火。

政治上的高压氛围逐渐令改革派无法忍受。1819年由德意志邦联各成员国共同通过的《卡尔斯巴德决议》(Carlsbad Decrees)规定当局可以合法囚禁乃至处决政治改革派人士。这些决议以当时逐渐兴起的自由主义和民族主义运动为弹压对象,取缔了爱国者兄弟会及各种左翼报纸,禁止教师在各类院校中传授自由派思想。这一高压体制迫使包括卡尔·马克思在内的许多人士流亡海外,大量思想家和哲学家像马克思一样将根据地转移到巴黎或伦敦,依托那里自由的出版环境继续发表观点。

不过,如果没有在19世纪上半叶席卷德意志与欧洲各地,并在19世纪40年代达到顶峰的一系列社会危机,革命或许还无法从知识分子的幻想变为现实。工业化对西欧造成了空前剧烈的社会经济冲击,随着以农业为主的经济迈入工业时代,大量人口涌入城市,导致城市空间高度拥挤,生活条件严重恶化,疾病频繁暴发,传统的家庭内部互助机制走向崩溃。在前所未有的人口增长驱动下,一个庞大的半熟练工人阶级逐渐发展成形。与之前散居于乡村的民众相比,这些成群蜗居在城镇地区的工人更容易受到政治运动影响。在1841年付梓的著作《奥地利及其未来》(*Austria and its Future*)中,奥地利自由派政治家维克托·冯·安德里安-维尔堡概括了当时的局势:"在历史上,还有哪个时代像今天这样充斥着物质生活的苦难,又有哪个时代的人类像今人这样受过如此深重而骇人的创伤?在一个富裕的、不断发展的文明世界里,却有成千上万的人孤苦无依,被人遗忘,只能独自面对无法名状的悲惨生活。"[5]

面对工业生产的自动化潮流,无力竞争的技术工人与手工业者也深受打击。1844年,数千名西里西亚织工发起了一场与30年前英国卢德派暴动类似的大规模骚动,人们大肆毁坏工厂机器,试图挽回自己的生计与职业。普鲁士当局派军队前去镇压,但局面完全失控,士兵最终向人群开火。虽然国王对织工的苦难不无悲悯之心,但流血的事实无疑被视作其暴政的罪证。卡尔·马克思、海因里希·海涅等政权批判者迅速提笔控诉这一事态,舆论的愤怒达到危险的顶峰。从1844年到1847年,小麦、黑麦的歉收与马铃薯病害的肆虐,令本就因工人工资降低、大规模失业和粮价上涨而惨淡的国内经济雪上加霜。一份题为《德意志的饥馑与德意志的贵族》的匿名小册子总结了时人的强烈不满:"饥荒——它像沙漠中的野兽,瘦骨嶙峋,眼窝深陷,游荡在德意志大地上,四处袭击猎物。它掠食的是那些脑满肠肥的家伙吗?不,它和其他猛兽可不一样:这头怪物只吃那些饿得皮包骨头的可怜人。"[6]即便当局对这些作品有所管制,也无法平息民众对社会不公的激愤。1848年3月,革命终于在欧洲全境爆发了。

1848年3月13日,人们在柏林市中心的王宫前举行了相对和平的游行集会。王宫坐落于施普雷河河心岛上,这座宏伟的巴洛克式建筑长久以来都占据着柏林城市景观的中心地位,而从1845年起动工新建的庞大穹顶,又让这座宫殿的建筑高度几乎翻了一番,达到197英尺。这座崭新的穹顶是根据国王亲自设计的方案建造的,它象征着空前崇高的普鲁士王权,也成了民众集会的绝佳背景。这些集会的最初目标主要是解决民众的饥饿和生活困难问题,但在激进派、改革家、民族主义者和自由主义活动家的煽动下,民众的诉求逐渐政治化,令弗里德里希·威廉四世与他的弟弟感到恐慌。国王像往常一样犹豫不决,威廉亲王则决定出动骑兵镇压民众,并对人群开火,导致多位平民身亡。流血事件令民愤彻底沸腾,人群再也不愿屈服于军队的淫威,示威者没有四散奔逃,而是构筑街垒,使抵抗的战线一步步深入至柏林市中心,令冲突在3月18日趋于白热化。最终,300名平民与100名士兵丧生,约700人身负重伤。因担心形势进一步恶化,手足无措的国王选择妥协，于是便有了下面这吊诡的一幕：次日，在游行中遇害者的送葬队伍经过宫殿时，弗里德里希·威廉也来到阳台上脱帽致哀。两天后，他甚至加入了游行的队伍，与示威者一起走上柏林街头。这位君主过去十分憎恶德意志的三色旗，就像斗牛看到红布那般恼怒。而现在，他自己也身披三色旗，骑在马背上沿街游行，仿佛他已体谅了臣民的愤怒。但私下里，国王尖刻地坦承，他的怀柔姿态只是保全政府与自己人身安全的权宜之计。在上街游行后的第二天，他给威廉亲王写信道："昨天，我为了挽救局面，不得不在众人注视下，假装心甘情愿地披上三色旗……等这招一奏效，我立刻就把旗子从身上扯下来！"[7]

随着一系列戏剧性的事件在柏林爆发，政治气氛迅速变得活跃起来。国王似乎也加入了运动的行列，改革仿佛近在眼前。全德制宪国民议会在法兰克福召开（因此也被称为法兰克福议会），同时，普鲁士国民议会也在柏林召开。二者分别进行了首次选举，议会再度为自由主义者所主导。人们立即开始筹划德意志的统一大业。会议还起草了一部以德意志皇帝为核心的宪法，确立三色旗为国旗，并将《德意志之歌》定为国歌。在那时，霍夫曼·冯·法勒斯雷本创作的歌词有着极为强大的影响力。颇具讽刺意味的是，《德意志之歌》的曲调原本来自约瑟夫·海顿为奥地利皇帝弗朗茨二世谱写的赞歌，此时的人们却唱着同样的旋律，鼓舞德意志国民将祖国置于"世间最崇高的地位"。这句歌词的原意是让德意志人放下多年来阻碍民族统一的（地域、党派或各类团体中的）排外心理，但在近100年后，由于纳粹德国政府对这句话的重新解读过于偏激，后来的德国政府便无法再沿用了。当今的德国国歌采用的是《德意志之歌》原词中的第三段，首句就体现了1848年革命中的自由主义价值观——"统一、正义与自由"（Einigkeit und Recht und Freiheit）。

在浓厚的乐观主义气氛鼓动下，刚刚于2月在伦敦发表《共产党宣言》的卡尔·马克思一度决定返回祖国，但这一切终将化为泡影：一场反革命的浪潮已经暗流涌动。1848年秋天，国王首先将普鲁士国民议会驱逐出柏林，随后又下令将其彻底取缔。与此同时，法兰克福议会也陷入严重分歧，代表们不得不寻求普鲁士国王出面领导，勉力维持议会团结。他们提议拥戴弗里德里希·威廉为德意志皇帝，希望能在皇帝领导下实现统一德意志的梦想，但弗里德里希·威廉本人拒绝了这一提议，称自己绝不会接受一顶"从革命的种子里长出的"皇冠。从1849年到1850年，革命者起草的各种地方及全国性宪法都被削弱或彻底废除。法兰克福议会因内讧而解体，哈布斯堡与霍亨索伦两大王朝也逐渐恢复自信，发起了旨在恢复旧秩序的反革命运动。一切似乎又恢复了往日的局面。

但情况真的是这样吗？虽然普鲁士军队扑灭了德意志各地的革命余烬，但是人们对于德意志民族的认同感已经浮现，普奥两国的传统派势力再也无法压制住这股力量。如前所述，这股潮流在普鲁士早已蔚然成风，但在19世纪40年代，尤其是在1848年革命期间，信奉天主教的德意志南部地区也出现了民族主义兴起的势头。拿破仑曾与南部的巴伐利亚、巴登和符腾堡等邦国结盟,这些邦国的军队与法国人一起攻入柏林,击败普鲁士,这给德意志人留下了痛苦的记忆。巴伐利亚国王路德维希对法国人离间德意志各邦的险恶手段深感不满,决心建造一座"瓦尔哈拉"英灵殿(Walhalla),向世人昭示自己对德意志团结的支持。"瓦尔哈拉"于1842年正式开放,以表彰所有取得过杰出成就的德意志人,它除了要求入祀者"必须说德语"之外,不对籍贯、性别、阶级或宗教信仰做任何限制。就这样,即便在对普鲁士的新教君主统治最警惕的巴伐利亚,一种对德意志统一的浪漫向往也已生根发芽。

不过,1848年的风波也暴露并激化了许多矛盾,它们将在之后许多年里引发德意志社会中的种种分歧,直到帝国成立后仍挥之不去。从表面上看,马克思的《共产党宣言》或许只是一本其貌不扬、篇幅短小、工艺简陋的灰色小册子,但其中蕴藏的理念将会撼动德国、欧洲,乃至整个世界。社会主义与共产主义思想将成为工人阶级运动的强大驱动力,令当权精英与中产阶级在恐慌中做出过度反应。由这些思想催生的阶级意识将成为与地域、文化和宗教差异同样强大的力量,在德国社会中制造新的隔阂与矛盾。俾斯麦和威廉皇帝都担心令其恐惧的共产主义终将如马克思预言的那样席卷德国与欧洲,于是两人都竭力煽动防御性民族主义以抵制共产主义思潮,这种煽动策略在19世纪上半叶曾屡屡奏效。

即便如此,1848年革命仍巩固了德意志的民族之梦。这场革命催生了一面共同的旗帜、一首共同的国歌,也为德意志各地已然发展壮大的民族主义运动展示了切实的希望。此外，通过将皇冠献给普鲁士而非奥地利，法兰克福的全德制宪国民议会实质上为未来的德意志民族国家划定了边界，"大德意志"（Großdeutschland）与"小德意志"（Kleindeutschland，即不含奥地利的德意志）两派由来已久的分歧至此得到解决。现在，德意志人的脑海中已经有了一个不可动摇的民族概念。德意志的历史或许没有在1848年迎来泰勒所说的那种转折，但自由主义、共产主义和民族主义这三股思潮都已经迈出了各自的发展脚步。现在，那个由维也纳和柏林掌控的旧制度，只剩下大约20年寿命了。

1850—1862："容克疯少爷"崛起

诞生于风云际会的1815年的奥托·冯·俾斯麦，其人生经历常常与历史大事有着异常密切的联系。他的父亲卡尔出身容克贵族，即普鲁士王国的地主贵族阶层，其家族有着悠久的历史，几个世纪以来都是申豪森庄园的主人；俾斯麦的母亲威廉明妮则是一位内阁大臣的女儿。从父母那里，俾斯麦继承了一种独特的人格，集极端保守的政治直觉与无比精明的权术谋略于一身。作为这个算是体面，却并非特别显赫的家庭的次子，早年的奥托曾长期对自己的前途与立身之所感到迷茫。从19世纪30年代到40年代初，他曾过着一种放浪形骸的生活。年轻的俾斯麦大量饮酒，四处留情，还热爱赌博，在读大学期间欠下巨债，但他似乎也从中享受到了不少快乐。俾斯麦后来曾吹嘘自己在大学的前3个学期里就进行过28场剑术决斗。在短暂地从事过法律行业、政府文官职务与军队工作之后，他在1839年回到父亲名下的领地，但在波美拉尼亚乡间管理田产的生活无法让他感到满足。从1839年到1847年，乏味、失意与孤寂构成了俾斯麦生活的主旋律。为弥补日常的乏味，这一时期的俾斯麦更加肆无忌惮地饮酒、打猎、谈情说爱，甚至在当地博得了"容克疯少爷"（the crazy junker）的名声。1845年，俾斯麦在写给一位老同学的信中抱怨道："我的伴侣只有狗儿、马匹和乡下的容克贵族，只因为我在阅读和写作上驾轻就熟，穿衣像模像样，那些乡下贵族就对我颇为敬重……我抽的都是非常上头的雪茄，一喝酒很快就能把宾客们灌得倒地不起。"[8] 在1847年迎娶善良谦逊的约翰娜·冯·普特卡莫之后，俾斯麦的个人生活才走上正轨，她将作为俾斯麦的终身伴侣，为他提供人生的避风港湾。此时正是1848年革命浪潮的巅峰时期。

1847年弗里德里希·威廉国王下旨召开普鲁士议会之后，俾斯麦决定成为议员，但他只是被要求代替另一位因病无法出席的代表履职。不过，俾斯麦被这段从政经历彻底吸引住了，政坛的种种钩心斗角、阴谋诡计与唇枪舌剑都令他感到愉悦。在给朋友的一封信里，俾斯麦承认政治在自己心中"激起了不间断的激情，让我几乎无心吃饭睡觉"。[9] 俾斯麦擅长在演说中展现他非凡的语言天赋，同时毫不妥协地坚持极端保守主张。作为一个极具才华而又冷峻无情的政治家,他很快就在政坛打响名声。俾斯麦冷峻的政治形象也在1848年革命期间进一步深化:当年3月,得知柏林爆发街垒战斗的俾斯麦以为弗里德里希·威廉有难,一度武装起一群农民,给他们配发了霰弹枪,打算前去支援国王。但在听说国王改弦易辙,与抗议者一道骑马游行之后,俾斯麦又迅速站到国王的对立面,试图说服国王的弟媳奥古斯塔亲王妃支持政变,将她的丈夫威廉亲王扶上王位。奥古斯塔从未宽恕过俾斯麦的这次背叛,即便成为普鲁士王后,乃至德意志帝国皇后,她也始终将俾斯麦视为不忠、狡诈的政坛阴谋家。

在1848年革命之后,俾斯麦致力于恢复国王的权威。在他的游说与协助下,一份颇有影响力的保守派报纸得以在普鲁士创建、发行,那就是后来的《十字报》(*Kreuzzeitung*)。与此同时,他鼓动别人采取行动的游说能力也逐渐为人所知。1849年,俾斯麦再度入选普鲁士议会,在国王拒绝接受德意志帝国皇冠时表达了自己对君主的全力支持。为感谢俾斯麦出色的幕后运作,弗里德里希·威廉国王在1851年对他委以要职,派他到法兰克福的德意志邦联议会出任普鲁士代表。就这样,俾斯麦成为普鲁士在邦联中的实际代言人。

利用这一新身份,俾斯麦开始在邦联议会中孤立普鲁士的宿敌奥地利。因为时任奥地利代表的弗里德里希·冯·图恩(Friedrich von Thun)伯爵始终认为在决定德意志诸邦事务时,奥地利的地位应高于普鲁士。俾斯麦被他的高傲态度激怒,两人频繁爆发争吵。最终,在奥地利要求进入普鲁士主导的关税同盟市场时，矛盾达到了顶峰。图恩伯爵轻描淡写地承认此举将令德意志经济的重心向南（奥地利）移动，但他补充说这一变化符合正常规律。俾斯麦则斩钉截铁地表示，普鲁士的时代已经到来，自己绝不会将"普鲁士这艘精良的护卫舰与奥地利那艘锈迹斑斑的老旧战列舰绑在一起"。[10] 随后，俾斯麦还故意挑战了邦联议会授予图恩伯爵的主席特权，即只有主席能在大会中抽烟。在与图恩伯爵就仪式规程的琐碎细则进行了一长串激烈争吵后，俾斯麦若无其事地从口袋里取出一根雪茄，大摇大摆地穿过会场，来到邦联主席的座位前，向图恩伯爵借火柴。这场外交挑衅在激起愤怒的同时也充满戏谑意味，令这位好斗的"容克疯少爷"乐在其中。一些报纸报道称，就连某些不抽烟的议会代表也养成了在议会抽烟的习惯，以模仿俾斯麦的挑衅姿态。还有一段插曲体现了俾斯麦的好斗作风，当时俾斯麦与老对手格奥尔格·冯·芬克（Georg von Vincke）在普鲁士议会中的争吵不断升级，逐渐失控。那是在 1852 年 3 月 23 日，芬克在一次议事期间挖苦道："我知道的（俾斯麦的）外交成就，只有那根点燃的烟。"[11] 这番哗众取宠的言论也引起了现场的喧哗与吵闹，当现场终于安静下来时，俾斯麦本人甚至没有从椅子上站起来过，他端坐原位，冷静地回应说芬克的父母似乎没有好好教他怎么讲礼貌。被彻底激怒的芬克向俾斯麦发起挑战，要与他进行生死决斗。两人各自写下了遗嘱，但没有向至亲透露消息。芬克甚至指明了自己的埋葬地点，还将写给妻子的动人信件托付给一位朋友，若是自己身死就把信转交妻子，还要"温和地"向她传达噩耗。俾斯麦的妻子约翰娜此时怀有身孕,因此他找到妹夫阿尼姆-克洛赫伦道夫,若自己不幸丧生,就请妹夫照顾他的遗孀与孩子。3月25日清晨,在一位医生和几名证人的陪同下,两位决斗者来到柏林郊外特格尔(Tegel)的一片草地,由俾斯麦和芬克都信任的路德维希·冯·波德尔施温格担任裁判。此人紧张地询问这场分歧能否以和平方式解决,芬克对此没有拒绝,但俾斯麦似乎有些太投入了,他只愿在射击的次数上妥协,从原定的射出四发子弹减少到一发。按照约定,两位决斗者彼此背对着缓缓走出15步后转身开枪,但子弹没有击中任何人。目睹此景,波德尔施温格声泪俱下地请求两位决斗者握手言和,将此事彻底放下。虽然两人都没有在这场决斗中受伤,但这起纠纷还是助长了俾斯麦的凶悍名声。

1853年爆发的克里米亚战争严重撼动了欧洲协调体系的脆弱平衡。随着奥斯曼帝国的逐渐崩溃,东欧与中东的大片土地行将成为列强竞逐的对象,俄国在这片权力真空地带上的扩张,就遭到了法国、英国和苟延残喘的奥斯曼帝国的强烈抵制。现在,普鲁士也要做出抉择。在1850年所谓"奥尔米茨协定"中,普鲁士屈辱地承认奥地利的强势地位,宣布不再寻求以"小德意志"方案解决德意志问题,而是继续以德意志邦联为框架决定泛德意志政策。鉴于邦联的本质仍是一份共同防御条约,其主席国也始终由奥地利担任,奥地利政府要求其他38个成员国集结15万名士兵,以支援英法,胁迫俄国。但普鲁士和绝大多数德意志小邦都不能从这场与己无关的战争中获得任何显而易见的好处。此时，普奥两国的权力斗争已经公开化，而俾斯麦作为邦联议会的普鲁士代表，就身处这场风暴的核心位置。他从容地无视了奥地利方面的动员要求，从而让其他小邦也有了如法炮制的胆量。需要注意的是，俾斯麦的想法并不是挑唆其他邦国对抗奥地利，以建立一个由普鲁士主导的统一德意志国家；恰恰相反，俾斯麦的核心主张是，自己作为普鲁士在邦联议会中的代表，只能为普鲁士的立场代言，因此不会让自己的王国卷入对其没有好处的冲突。大多数小邦对此都有同感，于是也纷纷效仿俾斯麦的做法。最终，奥地利遭到彻底孤立，两个德意志强国之间的分歧也越来越深。

1857年，弗里德里希·威廉四世中风，由威廉亲王摄政。在这之前，威廉亲王已经向外界展示了自己的铁腕作风，但他也表现出了更多的政治才能。1848年革命结束后，时代的风气发生转变，自由主义开始崛起。这股思潮不再被视为大学生和激进知识分子的极端主义妄想，甚至开始被统治精英阶层的沙龙所接纳，马克斯·冯·福肯贝克（Max von Forckenbeck）就是一位风头正劲的自由派人物。出身传统贵族家庭的他在1861年创建了秉持左翼自由主义立场的进步党，但他即便是在普鲁士的精英阶层中，也收获了无数人的敬重与好感，以至于他后来被任命为柏林市市长，在19世纪70年代亲自主持、见证了这座德意志帝国首都的崛起。虽然普鲁士议会在1848年初设时加入了有利于上层阶级的三级投票制度，但在这一时期的选举中，自由派议员仍然强势地占据了多数席位。威廉认识到时代已经不同了，1848

年革命的幽灵仍然挥之不去,他将不得不设法与自由派合作,以保全普鲁士的国体与君主权威。与此同时,另一个问题也在困扰着威廉:他的儿子弗里德里希曾显露出支持自由派的立场,因此有可能成为未来自由派叛乱者的傀儡。1848年革命爆发时,弗里德里希只有16岁,但柏林风波仍在他心中留下了难以磨灭的烙印。1858年,弗里德里希迎娶了英国维多利亚女王的长女,这位公主也叫维多利亚,作为1848年自由主义革命理念的热忱支持者,公主的父亲阿尔伯特亲王对这桩婚事感到十分欣慰:在他看来,这对颇有权势的年轻贵族夫妇将会在时机成熟时,着手实现普鲁士的民主化变革,并在自由主义的旗帜下实现德意志的统一。威廉亲王则必须采取措施,避免这一自由主义的梦魇成为现实。在兄长于1861年1月2日驾崩后,威廉亲王继承王位,正式成为普鲁士国王,他表达了与自由主义者合作的意愿,霍亨索伦王朝统治下的所谓"新政时代"由此开启。

此时,一贯务实的俾斯麦也意识到,只有追随国王的新路线,才能进一步实现自己的政治野心,成为普鲁士王国的首相。他向新国王递交了一份长长的备忘录(事实上这份备忘录因为篇幅太长而被称为"一部小书"),提出普鲁士应扩张自身影响力,建立全德意志联盟。然而,这份提案没有得到回应。此时的威廉急需向自由派人士表明自己的合作意愿,而俾斯麦已经被视为强硬保守派的头号斗士,所以国王不可能在此时让人们看到他会倚赖这位容克贵族出身的政治家。因此,从1859年到1862年,俾斯麦先后被派往圣彼得堡和巴黎担任外交使节。鉴于俄国与法国是当时的强国，这两项任命都不可谓不重要，但在出使外国期间，俾斯麦远离了柏林政坛，留下威廉国王在那里与自由派博弈。

当时，政坛上最大的问题是普鲁士陆军。威廉和他的近臣们对普鲁士陆军现有的规模和组成感到忧虑。自1815年以来，普鲁士的人口从1100万增长至1800万，但普鲁士陆军的总兵力仍维持着15万人的水平。相比之下，法国陆军的规模是普鲁士的2倍，而俄国陆军的规模更是普鲁士陆军的7倍，[12]这意味着普鲁士在欧洲建立外交影响力的尝试变得更加困难。此外，曾在抗法战争中扮演了关键角色的"后备军"此时仍是普鲁士陆军的一部分，毫无疑问，加入这一部队的年轻人大多怀有理想主义热忱，希望继承1813年爱国者们的遗志，团结起来保卫德意志祖国。这意味着后备军中有很多人都是自由主义的民族主义者，他们的效忠对象不是普鲁士王国及其君主，而是他们不懈奋战，渴望建立起来的德意志国家。面对这样一支规模有限，而大批士兵对国王的忠诚度又不够牢固的军队力量，威廉及其顾问自然会感到不安。如果1848年那样的变局再次降临，这些一心渴望着将普鲁士王国铸造成德意志帝国的士兵，还能不能被动员起来保卫普鲁士的霍亨索伦王朝？他们会为了维护旧秩序，而向那些过去一起参加兄弟会和政治社团的同志开枪吗？威廉想要确保自己的军队绝对听从指挥，因此他与1859年就任陆军大臣（War Minister）的阿尔布雷希特·冯·罗恩（Albrecht von Roon）伯爵一道制订了一项改革计划。普鲁士陆军的规模将逐渐扩张，士兵服役期被延长至3年，更重要的是，"后备军"部队将被撤销。如果计划得以实行，普鲁士王国将拥有一支规模可观、忠诚可靠的军事力量，为当局的国内外政策提供坚实后盾。

然而，自由派主导的普鲁士议会被这项改革计划彻底激怒。经过漫长的争论，罗恩也未能成功胁迫或诱使议员们接受自己的改革提议。有了1848年流血冲突的前车之鉴，议员们担心政府改革陆军只是为了制造政治压迫的工具。在"新政时代"的掩护下扩张军力的威廉，似乎也只是在重施1848年3月其兄长弗里德里希·威廉一边假意披着三色旗上街，一边筹划反革命阴谋的故技。此时的自由派在政治上更有自信，他们坚定地与罗恩对抗，在1862年投票否决了军事预算。精神崩溃的威廉一度考虑让位给儿子弗里德里希，让这位立场偏向自由派的王储收拾政局，这又令罗恩大为恐慌。1862年9月18日，罗恩向此刻正在巴黎的俾斯麦发出那份著名的急电："再拖下去就危险了。快回来！"（Periculum in mora. Dépêchez-vous!）

接下来发生的事预示了威廉和俾斯麦二人今后的关系。接到罗恩的电报后，俾斯麦急忙赶回柏林——他既怀抱着控制局势的责任感，同时也意识到自己的天赐良机已经到来。在与国王的长谈中，俾斯麦巧妙地利用了威廉的焦虑不安、骄傲自我等种种情绪。俾斯麦拥有与生俱来的语言天赋，在出使法兰克福、圣彼得堡和巴黎之后，他的天赋能力更加精进了。对于这种谈话，俾斯麦游刃有余：他噙着泪水向国王表示，王位归属是个原则问题。

第一章 崛起：1815—1871

威廉若让位给他的儿子，无异于将王位拱手让给自由主义、代议制政体与德意志民族主义的支持者。此举不仅背叛了神授王权，也背叛了普鲁士。王储弗里德里希与他那些普鲁士国内外的朋友都想要瓦解普鲁士的王权，从而打造德意志的王权。这种事情绝不能发生。面对俾斯麦的劝说，威廉自己也潸然泪下，询问俾斯麦是否愿意协助自己拯救普鲁士，俾斯麦随后向他许下了无条件效忠的誓言。1862年9月23日，奥托·冯·俾斯麦成为普鲁士王国的首相。威廉已经完全依赖俾斯麦了。

1862—1867：铁与血

路德维希·冯·洛豪（Ludwig von Rochau）曾发明"现实政治"（realpolitik）一词，试图为德意志各邦的自由民族主义运动提供切实可行的策略。他曾在1833年参加了那场以失败告终的袭击法兰克福警备队行动（Frankfurter Wachensturm），这场暴动由兄弟会成员发起，旨在压制当地的警察力量，控制德意志邦联金库，从而启动一场革命。但因为参与者只有50名学生，暴动很快就被警察和军队镇压下去。事败之后，洛豪逃到法国，在那里度过了10年流亡生活，基于这段经历以及对1848年革命挫折的反思，他在1853年出版了一本著作，题为《现实政治原则》（*Grundsätze der Realpolitik*）。洛豪在书中提出，渐进的变革既不可能通过理想主义的空想达成，也不可能从暴力抗争中实现，只有实用主义才能带来进步：必须尽其所能地接近自己的目标，不管手段是否合乎道义。就德意志的自由主义和民族主义运动而言，他提议参与者们按捺住心中的厌恶，与统治精英阶层合作。他认为，革命精神和高尚的道德原则永远都不会导致实际的变化，只有更加务实的做法才能产生效果。不无讽刺的是，曾经尽其所能与自由主义殊死战斗的极端保守派俾斯麦，将作为"现实政治人物"的典范被载入史册。

就任普鲁士王国首相之后，俾斯麦立刻着手解决政府与议会之间围绕陆军改革爆发的矛盾，这场冲突在短短几天前已经把威廉逼到崩溃边缘。正是在这一背景下，俾斯麦在1862年9月30日发表了那篇著名的"铁与血"的演说，宣称自己即便没有得到议会的许可，也将继续推行陆军改革计划，改革内容包括将普鲁士陆军的非战时兵力从15万人扩张至22万人。他辩称：

> 德意志期待的并不是普鲁士的自由主义，而是它的实力。巴伐利亚、符腾堡和巴登或许会纵容自由主义思潮的蔓延，但它们不会得到普鲁士的重要地位……要解决当前的重大问题，应当依靠的不是演说和多数决议——这些都是1848年和1849年发生的重大错误——而是铁与血。[13]

俾斯麦为自己违宪行为辩护的理由，无非是宣称自己的做法是正确的。他认为自由主义只是知识分子的空想，而空想与空谈不可能带来成果，只有行动才能创造实绩。俾斯麦的这篇演说受到了自由派书刊的猛烈抨击,但在这位自信满满的首相眼里,舆论的声讨不足为惧。俾斯麦在陆军问题上坚持己见,到1866年为止,他都在议会拒绝通过预算案的状况下施行他的改革计划。普鲁士议会最终决定让步,通过了一份《补偿法案》,事后承认了军费开支的合法性。而俾斯麦对自由派所做的唯一妥协,仅仅是承诺以后不再如此行事,他将会尊重普鲁士的宪法以及议会的财政预算表决权。宪法是所有人都必须遵守的根本大法,这对大多数政治家乃至威廉国王本人来说都是不容置疑的原则,但在狡猾的俾斯麦那里,遵守宪法却只是他讨价还价的筹码。

俾斯麦毫无政治底线的另一个标志性特点,是他根据利益需要随时化敌为友的能力。他意识到自由主义者和社会主义者在1848年只是出于截然不同的目的联合起来,于是开始着手分化这两股力量。他与早期社会民主主义运动的重要人物斐迪南·拉萨尔(Ferdinand Lasalle)有过几次会面,并进行了长时间的非正式交谈。作为民主主义者与社会主义者,拉萨尔的立场和诉求无疑与俾斯麦相差千里,但俾斯麦使尽浑身解数吸引拉萨尔继续与自己保持对话。虽然双方在公开场合都对这些交流秘而不宣——两人都不可能对各自的政治阵营宣称自己曾与阶级敌人密切交谈——但流言很快就传开了。自由主义者被吓坏了,他们担心自己在争取革命进步的斗争中,将会失去拉萨尔这个潜在的盟友。无论在福肯贝克领导的进步党自由派,还是在俾斯麦的宿敌芬克领导的民族自由党当中,俾斯麦的政治障眼法都制造了孤立无援的绝望气氛,因此他们更难在俾斯麦的政治攻势前坚持自己的立场。这就是现实政治的实践范例。

在外交政策上,俾斯麦也施展了类似的冷酷计谋。1862年10月,俾斯麦开始兼任普鲁士外交大臣。在1859年到1862年间,他先后担任普鲁士驻俄大使与驻法大使,已经给外交圈留下了深刻印象。在巴黎,他与1852年称帝的拿破仑三世结下了不错的交情。1862年,俾斯麦又在伦敦会见了当时的反对党领袖本杰明·迪斯累里,与其公开谈论普奥之间角逐德意志霸权的战争将不可避免。迪斯累里事后警告奥地利驻英大使:"小心这个人,他的话是认真的。"[14]而俄国也被说服,开始认真对待普鲁士并与其保持友好关系。这也在一定程度上解释了俾斯麦强烈反对在克里米亚战争中支持奥地利的原因:在外交上与俄国结怨不利于普鲁士在中欧的扩张。正在崛起的普鲁士必须让所有欧洲大国相信,自己是一个日渐强大的可靠盟友,而非咄咄逼人的潜在强敌。当1863年沙俄军队残酷镇压波兰发生的"一月起义"时,俾斯麦毫不犹豫地向俄方提供了暗中支持。在1863年2月的《阿尔文斯莱本协定》中,普俄两国达成协议,联手打击波兰民族主义运动——尽管波兰起义只发生在沙俄境内,且完全由沙俄军队镇压。俾斯麦默认了数千波兰人在战斗中被杀死,128名政治犯被处决,以及约1万名男女老幼被流放至西伯利亚的结果。普鲁士议会再一次被他的做法激怒,请求国王出面干预,但俾斯麦在短短几个月后就宣布与俄国的协议失效,索性立刻就满足了议会的要求。但此时,波兰的起义已彻底失败,心怀感激的俄国政府依旧对普鲁士内阁抱有好感。英国政府也声明,只要欧洲协调体系维持良好运转,就不会反对普鲁士势力扩张。因此,当奥地利在1863年晚些时候试图推动德意志邦联制度改革为自己谋取利益时,俾斯麦可以轻松地予以反制。在德意志邦联的其他37个成员国看来,追随普鲁士的领导变得顺理成章:这个充满潜力的德意志新兴强国不但拥有焕然一新的军事力量,也得到了其他欧洲国家的大力支持。

有了其他德意志邦国与欧洲大国做后援,普鲁士现在终于可以着手扩张领土了。1863年11月18日,丹麦国王克里斯蒂安九世签署文件,将石勒苏益格地区划归丹麦,这给了俾斯麦可乘之机。位于德意志最北端的石勒苏益格与荷尔斯泰因两公国,长期以来都是领土争议的焦点。荷尔斯泰因地区的多数人口说德语,当地也在1815年成为德意志邦联的一部分;而丹麦族在石勒苏益格的少数民族中占据了相当大的比例,该公国也没有加入德意志邦联,而是通过联姻关系由丹麦王室间接统治。1815年参加维也纳和会的列强都同意了这个妥协方案,因此,克里斯蒂安九世在1863年的做法引起了广泛关注。作为回应,俾斯麦首先呼吁法兰克福的德意志邦联发挥共同防御机制,出兵保护荷尔斯泰因。邦联同意了这一请求,并以邦联名义出动了一支联合部队,这支队伍来自距荷尔斯泰因最近的萨克森与汉诺威两邦国,旨在保护荷尔斯泰因,同时也向丹麦释放了明确的信号。与此同时,普鲁士和奥地利也在合谋并吞石勒苏益格,意图迫使丹麦国王放弃对当地宣称主权,并正式向邦联提出了这一请求。然而,与荷尔斯泰因不同,石勒苏益格并非德意志邦联的一部分,无论出于何种理由，占领这一地区的行为都有侵略他国领土之嫌，欧洲列强会有何反应也难以预判。惊人的是，邦联议会在这一点上坚持了原则，拒绝了普奥两强国关于占领石勒苏益格的请求，巴伐利亚与萨克森甚至更进一步地禁止奥地利通过本邦领土输送供给与军队。当时甚至有人议论，邦联在荷尔斯泰因的驻军可能会与前往占领石勒苏益格的普奥军队发生冲突。然而，俾斯麦没有被这些传言吓倒，普奥两国军队也在1864年2月1日渡过艾德河，从荷尔斯泰因进入石勒苏益格。

普奥军队齐头并进的景象在民众中重新燃起建立"大德意志"（奥地利与普鲁士都被包括在内）的希望。两国士兵都戴着白色的袖章，以表明他们的盟友身份，试图重现1813年至1815年抗法战争中被浪漫化的战友情谊。丹麦军队很快被击败，威廉·坎普豪森（Wilhelm Camphausen）等军旅画家则在作品中竭力美化这场战争：坎普豪森的画作《1864年普鲁士军进攻阿尔索岛》于1866年完成，描绘了普鲁士军队英勇击溃退缩的丹麦人的场景。在1864年10月30日于维也纳签署的和平协定中，丹麦放弃了对石勒苏益格与荷尔斯泰因的一切领土主张，两地将由普奥共管。直到1865年的《加施坦纳协定》才对这两片领土进行了分配：石勒苏益格被交由普鲁士管辖，荷尔斯泰因则隶属奥地利。尽管此前数十年里笼罩在德意志上空的两强对峙问题看似得到了和平解决，但是泛德意志的团结之梦很快就破灭了：仅仅一年后就爆发了所谓"德意志战争"，普鲁士与奥地利为争夺德意志霸权兵戎相见。

第一章　崛起：1815—1871

1866年春天，普奥两国都试图通过与其他国家缔结秘密盟约、签署保证条约来制衡对方。但对奥地利颇为不利的是，俾斯麦已经在英国、法国、俄国与意大利都结交了不少有权势的朋友，因此，他有信心在与奥地利摊牌时赢得胜利。随着奥地利提议由法兰克福的德意志邦联议会重新考虑石勒苏益格-荷尔斯泰因问题的解决方案，检验普鲁士外交成果的机会终于到来。俾斯麦指责奥地利的提议是一场阴谋，并在1866年6月7日断然派兵进入奥地利管治的荷尔斯泰因。凭借在邦联议会中的主席国地位，奥地利得到了巴伐利亚、符腾堡、汉诺威、萨克森、巴登、黑森、拿骚、萨克森-迈宁根、列支敦士登、罗伊斯与法兰克福等大邦的支持，中部与北部的大部分小邦则站在普鲁士一边。最关键的是，俾斯麦还在1866年4月争取到了意大利的支持。

1866年7月3日的柯尼希格拉茨战役结束仅仅几周后，德意志战争便决出了胜负。战后缔结的《布拉格条约》大体上没有损害奥地利的利益（奥地利帝国只将威尼托地区割让给意大利，作为意大利在战争中支援普鲁士的回报），却对普鲁士和日后德意志国家的形成产生了深远影响。通过无情吞并了汉诺威、黑森、拿骚和法兰克福等夹在本国东西两部之间的大邦，普鲁士终于将王国的领土连成一片，其疆域如今东起梅默尔河，西至莱茵河，内部往来畅通无阻。普鲁士还宣告德意志邦联已被解散，从而彻底结束了奥地利在德意志地区的主导权。

成立于1866年的北德意志邦联是一个军事同盟，它是普鲁士控制新吞并领土的工具。加入该邦联的22个邦国全部位于美因河以北。对于南方各邦，俾斯麦还给它们提供了一个成立南德意志邦联的机会，以便于进一步孤立奥地利，但这个设想并未成真，因为符腾堡和巴登担心自己会成为巴伐利亚的附庸。1867年2月，北德意志邦联选举产生了第一届议会，该议会为所有成员国起草了宪法，并在当年4月以230票对53票的优势通过。7月16日，俾斯麦顺理成章地成为北德意志邦联的首相。邦联立宪的一系列动作原本只是一时之计：俾斯麦仍想试探南部各邦的反应，他也不确定法国是否会反对在北德意志建立一个联邦国家。不过，北德意志邦联的最终形态看起来与民族国家几无二致。邦联采用了黑白红三色国旗，这个设计结合了北德意志地区历史悠久的汉萨同盟的红、白代表色，与普鲁士传统旗帜的黑、白用色。邦联不但将关税同盟改组成更加统一的经济体系，还与德意志南部各邦国结成防御同盟。俾斯麦向拿破仑三世担保，自己只想在美因河以北的德意志地区重建一个松散的联邦机制。但事实上，在德意志战争结束后，一个具有经济合作和共同防御纽带的坚实政治联盟已经形成。只要俾斯麦再施展一次无情的谋略，将法国的反对势力和德意志南部各邦国的抵触一扫而空，"小德意志"的统一便触手可及。

1868—1871：帝国诞生

直到1868年，俾斯麦仍不相信德意志会在不久的将来走向统一。在1866年普奥"兄弟之战"以普鲁士的压倒性胜利告终后，法国迅速警惕起来，德意志南部各邦也不愿在经济合作和共同防御以外与北德意志邦联缔结更紧密的关系。在和符腾堡陆军的军需官苏科（Suckow）谈话时，俾斯麦坦承："在我看来，德意志如果能在19世纪完成民族统一大业，就已经很了不得了。"[15] 从1866年到1869年，俾斯麦致力于巩固北德意志邦联的内部统治，并努力保障欧洲腹地各邦国的安定。1867年，他公开了自己与南德意志各邦之间缔结的秘密防御协议，向法国和奥地利发出强有力的震慑：一旦两国试图染指普鲁士在1866年战争中占领的土地，整个德意志都将与它们为敌。

在邦联内部，俾斯麦和北德意志邦联议会致力于强化经济和政治上的影响力，希望能提升统一体制对各国的吸引力，从而减少巴登、符腾堡与巴伐利亚等国的抵触情绪。由俾斯麦主持编纂的邦联宪法认可了1848年革命的一些理念，赋予全体男性公民选举权，允许国民在各个成员国之间自由流动。宪法还规范了贸易活动，引入了一套刑法典，并统一了邦联境内的度量衡。从前，德意志各地的计量单位差异经常导致误会与分歧。例如，一个巴伐利亚布匹商人打算从不伦瑞克进些新奇的商品，他很可能在产品计量单位的算法上遇到些意想不到的麻烦：在不伦瑞克买一"臂"（Ell）布料，他会得到仅有57厘米长的布匹，而在他的老家巴伐利亚，这个单位对应的长度是83厘米。统一的法律体系，加上丰富的自然资源，使北德意志邦联可以迅速成为一个近代化的欧洲国家，在如此有利的条件下，俾斯麦并不急于实现德意志全境的统一。他知道自己不可能强迫南部邦国统一：至少在自己有生之年，防御性的民族主义情绪将是驱动泛德意志地区同心协力的唯一力量。只有与外敌作战的战火才能铸就统一德意志帝国的皇冠，而俾斯麦不必费太大力气，就能找到一个合适的敌人。

俾斯麦需要一场让普鲁士扮演受害者的冲突，而在1869年，这个绝佳的机会以意想不到的方式降临了。此时距西班牙女王伊莎贝拉二世被推翻已有一年之久，但西班牙王位尚无合适的继承者，霍亨索伦王朝的利奥波德亲王凭着与葡萄牙公主安东尼娅的姻亲关系，成为潜在的候选人之一。不消说，西班牙若是迎来一位霍亨索伦家族的君主，无疑是对法国的诅咒，因为后者马上就会被普鲁士所控制的国家包围。俾斯麦早已料到法国对此不会坐视不管。1870年夏天，西班牙王位被正式授予霍亨索伦家族的利奥波德亲王，俾斯麦决心利用这个大好机会。让利奥波德亲王更加犹豫不决的是，威廉一世乃至利奥波德的生父卡尔·安东·冯·霍亨索伦对是否接受西班牙王位一事都极为谨慎。此时，拿破仑三世已明确表示，自己不会容忍普鲁士与霍亨索伦家族的势力染指西班牙。他在公开场合与私下里都表示过，他将会把普鲁士染指西班牙王位视为对欧洲均势体系的破坏，乃至对法国尊严的践踏。换言之，霍亨索伦家族胆敢继承西班牙王位，就意味着将会有战争爆发——而这正是俾斯麦想要的。如果法国以看似主动的理由对普鲁士宣战，北德意志邦联与南德意志各邦间的防御协定就将生效，整个德意志就会在普鲁士的主导下凝聚起来。就这样，可怜的利奥波德亲王成了俾斯麦与拿破仑三世政治博弈中的棋子。

在马德里方面进行了一些外交运作之后，利奥波德亲王突然在 6 月 19 日宣布正式接受西班牙王储的身份。为了表明自己与此事无关，俾斯麦避居瓦尔津（Varzin）的乡间宅邸（威廉一世为了表彰俾斯麦挑起并赢得普奥战争的功绩而赏赐他 40 万泰勒银币，后者就用这笔钱购置了瓦尔津的宅邸）。我们几乎可以想象到这个狡猾的容克贵族坐在瓦尔津庄园里的扶手椅上，等着计谋奏效的有趣场景。尽管如此，俾斯麦的战争游戏带来了严重而深远的后果。在霍亨索伦家族接受西班牙王位继承权的消息于 7 月 2 日被新闻报刊提前获悉并公之于众时，法国公众舆论大为震惊。法国政府在自尊心受挫的愤怒之下，一时冲动踏进了俾斯麦的圈套，宣称此事对法国造成了严重的羞辱，同时拒绝接受利奥波德之父提议放弃王位继承权的让步请求。俾斯麦十分满意：火药桶已经准备就绪，只要一点火星就能引爆。

最终，引发战争的导火索正是俾斯麦本人一手炮制的"埃姆斯电报"，这也是他人生中最臭名昭著的阴谋之一。法国政府不但要求威廉一世撤销利奥波德亲王的西班牙王位候选人资格，还要求他保证霍亨索伦家族永远不会染指西班牙王位，并公开宣布自己无意冒犯法国尊严。相较于当时欧洲国家间的外交惯例，这一要求异常强硬，即便是性格平和、对此事不甚关心的威廉也无法接受这样的要求，公然在法兰西国王面前卑躬屈膝。他礼貌地拒绝了法国方面的要求，让俾斯麦起草一份措辞恰当的回电，既要缓和气氛安抚法国人，也要维护普鲁士的尊严。俾斯麦知道自己要怎么做，并且采取了行动。问题在于，他从一开始就想利用这场风波挑起战争，现在已经到收网的时候了。俾斯麦在起草电报时有意采用了强硬的措辞，强硬得好像威廉国王刚刚在埃姆斯温泉听完法国大使贝内代蒂提出的要求，就毫不客气地把他赶走了。俾斯麦准确地判断出，法国方面的情绪已到达临界点，现在他又施加了最后一重羞辱。为了保证法国政府中的理性派不会占据上风，他将这份轰动性的电报内容透露给了媒体。拿破仑三世和他的内阁完全被俾斯麦的阴谋所摆布，而现在，他们已别无选择。愤怒的法国民众呼吁他们的皇帝立刻采取行动，拿破仑三世不得不在1870年7月19日正式宣战。

在大众眼里，普鲁士显然是这场风波中的受害方。整个欧洲都看到，当北德意志邦联的首相在乡间别墅不问世事地度假，普鲁士国王在埃姆斯温泉安心休憩时，法国方面的态度却变得越来越过激。这样一来，没有其他欧洲国家愿意支持法国，南德意志诸邦更是对普鲁士抱有强烈的同情。防御性民族主义的热情被再次点燃，美因河以南的邦国也忠实履行了共同防御的约定。在整个德意志的大军面前，兵力有限且备战不足的法军根本无力招架。1870年9月2日，普法两军在色当一决胜负，拿破仑三世战败被俘。虽然法军在这之后仍坚持英勇抵抗，但普鲁士军队在1870年12月对巴黎进行持续炮击，彻底打垮了法国。

在色当会战与1870年9月以来一系列军事胜利的鼓动下，一股民族主义热潮席卷了德意志各地。俾斯麦利用这股暂时性的友善态度，将德意志各邦元首召集起来，商讨建立一个统一的德意志民族联邦。11月，南德意志诸邦同意加入北德意志邦联，各邦同意将新的联邦改名为"德意志帝国"（Deutsches Reich）。但威廉本人仍然犹豫不决：就像巴伐利亚的路德维希国王不愿放弃自己的王位，威廉也不愿舍弃他心爱的普鲁士王冠。于是，俾斯麦再次使出手段。他首先买通路德维希，让他保持沉默，然后用路德维希的名义写信给威廉，声称要拥戴威廉成为德意志皇帝。即便如此，威廉仍未彻底转变态度，俾斯麦不得不继续与他谈判，让他正式接受德意志帝国的皇冠。威廉坚持以"威廉皇帝"自居，而不是按照俾斯麦的计划自称"德意志皇帝"——这一分歧足以表明他对将普鲁士并入德意志的计划有多不情愿。

新的德意志民族国家将在1871年1月1日正式诞生，但宣告帝国成立的仪式需要一个更具有象征意义的日期。相近时间里最适合的纪念日是1月18日：在1701年的这一天，勃兰登堡选帝侯弗里德里希三世正式成为普鲁士国王弗里德里希一世，随后将分裂的德意志国家凝聚成一个更强大的整体。在战胜宿敌法国的荣光照耀下，这个精心设计的民族历史叙事展现出了极强的感染力。随着德意志帝国在凡尔赛宫宣告成立，狂欢席卷了德意志的每一个角落。

第二章

俾斯麦的帝国：
1871—1888

"法律就像香肠——最好别看它们是怎么制作出来的。"

——奥托·冯·俾斯麦

一个全新的帝国：宣言与宪法

不同于我们从安东·冯·维尔纳（Anton von Werner）画作中得到的印象，1871年1月18日的德意志帝国成立仪式相当简短。镜厅是一处宏伟的会场，它全长73米，是凡尔赛宫里最大的房间之一，但遗憾之处是它过于狭窄，宽度只有10.5米。来自北德意志邦联和南德意志各邦的士兵们只能挤在靠窗的一边，而统率他们的军官则站在装有镜子的另一边，中间仅仅留出一条狭窄的通道，从大厅尽头的高门入场的威廉及德意志诸王公便由此通行。维尔纳当时就在现场，目睹了皇帝和他的仪仗队走上大厅中央临时搭建的小礼坛，举行简短的仪式。随后，一行人又走到镜厅的另一头，登上临时搭建的高台。威廉皇帝站在中间，两侧是其他德意志王公。接着，俾斯麦用沉着而平稳的语调宣读了德意志帝国成立的宣言。最后，巴登大公高喊："威廉皇帝陛下万岁！"（在维尔纳的画作中，我们可以看到威廉皇帝的背后就是巴登大公高举的手臂。在维尔纳描绘帝国成立仪式的全部版本的画作中，巴登大公都扮演了欢呼者的角色，因为正是他将维尔纳介绍给霍亨索伦家族的。维尔纳也在画作中给弗里德里希皇太子着墨不少。）在场官兵也以欢呼回应。由于士兵们身后的窗户敞开着，聚集在凡尔赛宫庭院里的士兵很快也开始欢呼，一阵又一阵的喧哗声席卷了整个人群。

这场仪式在很大程度上反映了新生的德意志帝国的本质。在外国土地上宣告新民族国家诞生或许有些古怪，但俾斯麦知道，无论在德意志境内的哪个地方举行仪式，都可能会造成各邦之间的矛盾，危及德意志内部本就脆弱的团结纽带。在美因河以南的四个邦国看来，自己与北德意志邦联间的唯一纽带就是它们都面临着新一轮"拿破仑式"入侵的威胁，在对法国取得如此迅速的大捷之后，它们当然不会拒绝庆祝这场全德意志民族的盛事。因此，就连这场象征德意志统一的仪式本身，也在刻意提醒着德意志王公们将威廉推戴为皇帝的原因。镜厅那辉煌的天花板上还保留着颂扬法王路易十四征服德意志的装饰画，这简直为庆祝德法两国命运逆转的仪式提供了完美的背景。此外，这场成立仪式无论在实际筹办方式上还是在后世的描绘中，都是一场纯粹的军事典礼。俾斯麦、威廉皇帝和王公们都穿军装出席，与部队官兵一道见证德意志民族国家的成立——全场看不到一个文官。这显然与自由主义者期盼的民主统一截然不同。凡尔赛宫的仪式上没有出现任何1848年革命的元素：既没挂三色旗，也没有《德意志之歌》，只是在战败受辱的敌国腹地奏响军乐，举行典礼而已。正如俾斯麦当初断言的那样，德意志帝国并不是从演说和多数决议中诞生的，它是由铁与血铸就的。

德意志帝国自诞生之初，便是欧洲舞台上的一股强大力量。它有4100万人口，一夜之间便跻身西欧第一大国。法国（人口3600万）、英国（含爱尔兰人口3150万）和奥地利（人口3600万）都忧心忡忡地眼见着原先微妙的权力均势被严重破坏。在地理上，新生的德意志国家疆域广阔：在普法战争中获胜后，俾斯麦悍然占领了阿尔萨斯和洛林。这两个法国省份长期以来都是德意志民族主义者关注的焦点，因为当地有大量讲德语的人口，与其他法国公民比邻而居。私下里，俾斯麦曾多次怀疑占领这两个地区是否明智，他认为这将导致德法之间再无和解的可能，令年轻的德意志民族国家过早地在国际舞台上树敌。但另一方面，由于德语及德意志文化在阿尔萨斯地区的人口中占据主流，德国国内舆论广泛要求至少要把这里划入德意志国家的版图。俾斯麦最终得出结论，既然法德之间的"世仇"（Erbfeindschaft）不可避免，多一桩领土争端也无关紧要。至此，由25个邦国组成的新国家从东端的梅默尔河向西一直延伸到莱茵河西岸，北临大海，南至阿尔卑斯山——它确实堪称德意志帝国。

尽管德意志帝国在战火中诞生，且拥有令人生畏的体量与实力，俾斯麦仍不遗余力地试图让怀疑者相信，这是一个追求进步、爱好和平的国家。为此，他设计了一套政治体系，力求平衡德意志内部乃至整个欧洲内部的种种势力冲突。但事后看来，这一架构不可避免地具有严重缺陷，因而受到了好几代历史学家的批判。所谓"特殊道路"（Sonderweg）理论认为，与欧洲其他国家相比，德国走的是一条独特的历史发展道路。这一观念如今已广受怀疑。然而，还有很多人倾向于认为希特勒时代的纳粹德国与犹太人大屠杀继承了俾斯麦治下德意志的遗绪。就连尼尔·麦格雷戈这样在德国史领域中成果丰硕的史学家，也曾将帝国成立的1871年视作德国"堕入"此后长达75年的"黑暗时代"的开端。[1]随着"二战"中获胜的同盟国在1947年决定如驱散恶魔一般解散普鲁士邦，"普鲁士主导下的德意志必将滑向纳粹主义"的传说成为经久不衰的通论。然而，这种看法不仅在叙事上过于简单，无法表现历史的复杂性，也将个人视作历史潮流中的无力过客，在重大事件里毫无主观能动性可言。面对错综复杂的利益冲突，俾斯麦必须努力找到能调和各股势力的共通之道，这是一项不可能完成的任务。因此，俾斯麦的宪法能连续维持47年，这本身就是一大成就了。诚然，俾斯麦设计的制度有种种内在的弊病，但它并没有让德国走上不可避免的战争与种族灭绝之路。

1871年3月3日的选举产生了第一届代表全德国的议会，该选举没有设置财产或是社会地位方面的限制，所有年龄在25岁以上的男性国民都有选举权。人们常说，俾斯麦之所以赋予男性公民普选权，是因为他希望占帝国人口绝大多数的乡村正统派民众能选出一届保守派议会，从而出台一部符合俾斯麦本人政治倾向的宪法。但事实上，德意志政治格局此时已经确定，俾斯麦也十分清醒地知道，随着帝国统一事业的突破，选举必将以民族自由党的胜利落幕。结果不出意料，民族自由党以32.7%的得票率成为第一大党，但俾斯麦对此并不反感。民族自由党的权力根基都在普鲁士，该党政客大多是俾斯麦在北德意志邦联时期便打过交道的老熟人，这样的选举结果无疑意味着新帝国的宪法不会与其前身——北德意志邦联——出台的宪法相差太多。1871年4月14日，议会以压倒性的多数票通过了新的宪法草案。正如俾斯麦所说，德国"已经备好了马鞍"，接下来的问题仅仅是怎样驾驭了。

在这套制度下，德意志帝国需要同时对所有利益团体采取怀柔政策，维持极为脆弱的平衡。自然而然地，德国不得不采用联邦制，这令25个独立的邦（Länder）握有很大的权力。但正如他曾对威廉许诺过的那样，俾斯麦也迫切希望在建立新国家的过程中保住普鲁士的主宰地位。因此，俾斯麦设计了一个由普鲁士国王永久兼任德意志帝国皇帝的两院制议会体制。此外，新联邦的上议院，即"联邦参议院"（Bundesrat），只需14张反对票即可否决法案，而普鲁士在上议院拥有17个议席。而上议院中来自其他各邦的代表人数因成员邦大小而异。这样一来，普鲁士就获得了内在的保险机制：即便其他所有成员邦达成一致，推动一项对普鲁士不利的法案，普鲁士也可以轻松将其否决。此外，皇帝作为正式的国家元首，负责批准所有立法，同时也是军队的

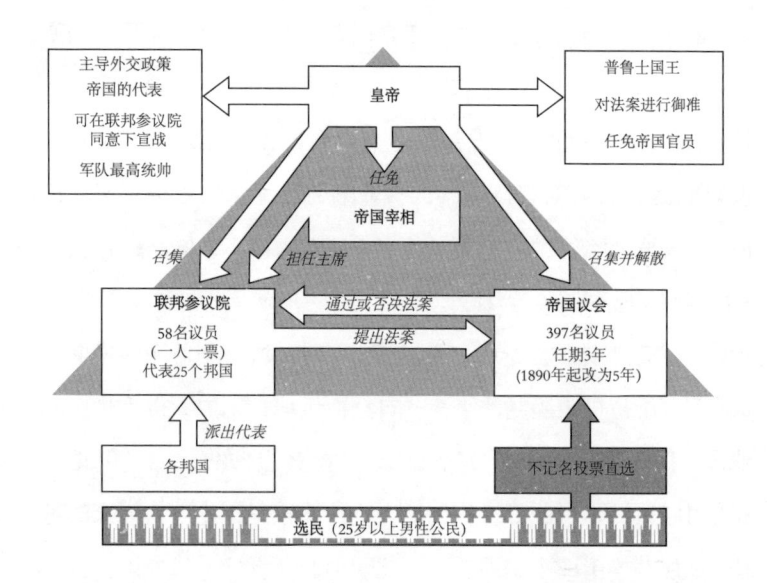

1871年德意志帝国宪政体制

皇帝
- 主导外交政策
- 帝国的代表
- 可在联邦参议院同意下宣战
- 军队最高统帅
- 普鲁士国王
- 对法案进行御准
- 任免帝国官员

皇帝任免**帝国宰相**，帝国宰相担任联邦参议院主席。

联邦参议院：58名议员（一人一票），代表25个邦国。由皇帝召集。

帝国议会：397名议员，任期3年（1890年起改为5年）。由皇帝召集并解散。

联邦参议院与帝国议会之间：通过或否决法案、提出法案。

各邦国派出代表至联邦参议院。

帝国议会由不记名投票直选产生。

选民（25岁以上男性公民）

最高统帅。由于皇位始终为普鲁士国王所有,这一安排也在实质上奠定了普鲁士在联邦中的统治地位。与此同时,因为所有邦国都在联邦参议院有代表席位,南方各邦似乎也能在帝国体制下享有充分的参政空间。自从俾斯麦巧妙的统一以来,直到今天,德国都没有再出现过严重、持久的群众分裂运动。

在调节了普鲁士与邦国的关系之后,帝国还需要在民主政治与王朝统治之间寻求折中之道。在凡尔赛宫举行的帝国成立仪式是有意为之的,旨在凸显王朝统治的力量。弗里德里希·威廉四世曾拒绝了1848年革命者献给他的德意志皇冠,用他的原话来说,这是来自"贫民窟"的玩意儿。相比之下,他的弟弟威廉一世是被一群德意志王公共同拥戴为皇帝的,这看起来更合乎皇帝的心意。历史学家时常以现代人的共和主义眼光看待这场帝国成立仪式,认为这是一群专制守旧的当权者为排斥进步而安排的戏码。但在当时,君主统治仍然是欧洲的政治常态,大多数人还相信由上层领导的决策过程才是正确而恰当的。即使德意志法律开放了成年男性普选权,但是1871年3月举行第一次德国议会选举时,在有选举权的公民中,实际投票率也只略高于50%。不过,与一些人的看法相反,这并不是因为德国国民对帝国的新体制抱有疑虑,只是因为当时德国民主化、政治化和城市化的进展还远未达到数年后的水平。农村生活和传统思想仍是社会的主流。因此,在1871年引入普选权在讨好自由派与早期社会主义者的同时,又不至于对统治精英造成太大威胁,但到19世纪80年代,随着议会中开始出现漫无止境的政治斗争,当初看似务实的决定终将令俾斯麦大感头痛。

帝国议会（Reichstag）是德意志帝国的下议院，由民选议员组成。俾斯麦小心翼翼地限制了该议会的权力，以避免出现大多数统治精英担心的"暴民政治"。帝国议会没有立法提案权，皇帝也可以任意将其解散，因此，皇帝和帝国宰相成为帝国政治的真正主导者。宰相和君主不必对议会负责：宰相只需要对皇帝负责，而皇帝只需要对上帝负责。不过，帝国议会仍掌握法案和（尤为重要的）预算表决权，这意味着俾斯麦在起草法案、制定财政规划时不得不考虑议会的形势，并时常做出妥协，以便提案通过。至少从理论角度看，这种立法机构和行政机关的博弈算是一种民主政治健全运转的迹象，却也时常令宰相感到不安。在实践中，俾斯麦通常都能占据上风，他能用泣诉、胁迫和人脉关系等不甚光彩的手段让法案得以通过。据说，他曾把这句话当作自己从政生涯的格言："法律就像香肠——最好别看它们是怎么制作出来的。"

这一制度设计的大部分缺陷并非来自俾斯麦本人对宪政运作过程的蓄意干扰，而是源于德意志帝国自身的内在矛盾。如何才能在不折损普鲁士霸权的情况下将25个邦挽留在帝国体制内？如何才能在不威胁统治精英最终决策权的同时运作民主政治？对于这些充满风险的矛盾，铁血宰相试图以巧妙的手段加以平衡。在漫长的分治状态下，德国国民间的文化差异极为明显，即便是俾斯麦也无法将其掩盖。虽然地域、文化、习俗、方言、宗教信仰、历史记忆和（越来越显著的）社会地位上的分歧终将淡去，让位于一种被精心塑造的民族意识,但是德意志的身份认同仍需要漫长的时间,甚至要耗费大量的鲜血与钢铁,才能步入成熟、稳定的正轨。

同床异梦:俾斯麦与民族自由党

1918年,沮丧的马克斯·韦伯曾如此回忆1871年到1878年所谓"自由时期"俾斯麦与民族自由党间的关系:"从来没有一个政治家……与他搭档的政党如此容易打交道。"[2] 在1867年成立之初,民族自由党由一群务实派组成,他们希望解决所谓"宪制冲突",打破因俾斯麦与普鲁士议会相持不下而产生的僵局。进步党的理想主义者曾主张为北德意志邦联设计一套更符合自由民主观念的制度,却遭到了俾斯麦的阻挠。民族自由党则选择以依旧稳健的选民基础为后盾,通过与"铁血宰相"合作,尽可能地实现自由化变革。1871年帝国成立后,这一点依旧没有改变,从当年选举的结果来看,民族自由党的妥协似乎也受到了选民们的广泛支持。在1871年成为首届帝国议会的第一大党之后,民族自由党本应掌握了绝佳的议价筹码。但正如马克斯·韦伯指出的那样,俾斯麦的个人风格盖过了整个政党体系的影响力,他那掌控一切的作风与政治天才的盛名震慑住了自由主义者,令后者表现得更像是施加压力的利益团体,而非立法活动的切实参与者。作为一个"自由民族主义者",韦伯认为自己所归属的派系在与俾斯麦合作的那些年里取得了不少进步，但他也不得不承认，当时的自由派或许过于支持俾斯麦了。

1848年革命期间，普鲁士贵族与自由派爆发了激烈对立，俾斯麦在听说柏林的革命者构筑街垒后就开始动员本地农民保卫国王，这一事件便是对这种敌对关系的绝佳例证。从这一点出发，我们很难想象这两个集团是怎样在政治利益上达成一致的。但在1871年，二者确实携手合作了，其理由并不难想见。民族主义再次展示出强大的凝聚力：在1871年春，帝国宪法通过后，俾斯麦的下一项任务就是统一帝国的经济基础，为创建真正的统一市场铺平道路。和韦伯一样，大多数民族自由党人都是怀有政治激情的资本家、爱国者、普鲁士人、新教徒，以及正在崛起的中产阶级成员，他们当然乐见一个拥有共同货币、统一度量衡、全国性金融系统、基础设施网络和自由通行权的统一的德国经济体系诞生，而帝国宰相俾斯麦也希望促成这一事业，在新生的帝国境内扩大普鲁士的影响力。就这样，一个因纯粹利益关系而结成的联盟在19世纪70年代初竟取得了丰硕的成果，俾斯麦提出的大多数法案都得以通过，为德意志帝国的经济结构奠定了基础。这个联盟通过了适用于帝国全境的民法和刑法，采用了金本位制，还废除了所有内部关税，以进一步刺激经济发展。基础设施领域的建设与投资带来了社会和经济层面的好处——从1871年到1890年，德国铁路网的规模扩张了一倍，这既有利于商品与原材料的流通，也促进了人员的流动。城市化、职业流动性乃至工作通勤模式的萌芽，都意味着人们开始离开故乡，流动、迁徒，逐渐融合并克服地域差异。与此同时，帝国银行也得以建立，这有助于规范、控制国家的现金流通。俾斯麦与民族自由党人都信奉新教，这一纽带让他们在压制德国天主教的过程中密切合作，令自由党人在所谓"文化斗争"（Kulturkampf）中成为俾斯麦的忠实盟友。不过，这段同床异梦的合作关系并不能持续太久。从一开始，俾斯麦和民族自由党就经常在帝国议会发生言语冲突，而在1874年的陆军预算危机中，自由党人第一次坚决反对俾斯麦并与他激烈对抗。

德意志帝国军队的指挥权在皇帝手中，但军事预算必须得到帝国议会的批准。1862年爆发的陆军预算问题，几乎迫使威廉一世退位，俾斯麦也在这场危机中成为普鲁士王国首相。但俾斯麦一心想要避免当年的冲突重演，因此准备妥协。在1866—1867年的协议达成、俾斯麦的非法军事改革被追认为合法之后，俾斯麦曾许诺自己今后将尊重宪法，会按规定在1872年重新提交预算申请。然而，1872年的他故态复萌，以普法战争为借口，将预算审议推迟到1874年。直到预算审议无法再拖延下去之时，俾斯麦改变策略，提出了一个极为苛刻的主张——他提议设立一部所谓的"恒定法"，设置一项永久维持40万常备军的固定预算，相关军费再也无须议会批准。这项计划堪称疯狂，其支出费用将占据整个联邦预算的80%。鉴于预算审议是帝国议会手中唯一具有实际意义的政治武器，这意味着议会可掌握的权力只剩下20%。俾斯麦清楚，自己的条件是不可能被接受的，但这将迫使民族自由党人进一步远离他们的既定立场，在对俾斯麦的妥

第二章 俾斯麦的帝国：1871—1888

协中向中间立场靠拢。在议员们不那么诚心地要求每年审议陆军军费之后,俾斯麦终于威胁要解散议会,重新选举。民族自由党没有勇气揭穿俾斯麦的虚张声势,最终选择屈服,与俾斯麦达成妥协,是为所谓七年方案:陆军预算审批将以七年为一个固定的周期恒定,虽不至于永久延续,但它比每一届议会的任期都要长。这一方案为俾斯麦的宪政实践提供了绝佳的例证:它既让民选议员们保留了足够的权力,能够限制或修订行政部门的立法动议,但这一权力又不足以迫使行政部门采取行动。如果俾斯麦解散帝国议会,选民们很可能会在下一场选举中直接投票给自由党,行政与立法两权继续对峙的僵局可能还会出现。但正如韦伯所说,自由党人最终让事态朝着对俾斯麦有利的方向发展了。

1878年,俾斯麦最终与民族自由党分道扬镳,这场决裂的背后有许多原因。首先,民族自由党在当年的帝国议会选举中失去约30个席位,这意味着保守主义党派将占据多数议席。其次,俾斯麦意识到一个更危险的对手正在崛起——随着城市工人阶级规模扩张,社会主义者的势力逐步增长,而他不确定自由党人能否在这场斗争中支持他。这些社会主义者对于更多民主和公民权利的诉求至少在一定程度上与自由派的立场吻合,在这方面,保守派似乎是更可靠的盟友。这一时期德意志帝国的经济政策正逐渐偏离自由贸易,朝保护主义方向发展,这一趋势绝非自由派所乐见,与之相反,这些政策都需要保守派的支持。但更重要的是,自由主义在俾斯麦眼中已失去了作用。在19世纪70年代初通过帝国议会推进了一系列自由主义的统一规划后,俾斯麦与自由党人间的政治共识已走到尽头。面对亟待解决的新问题，俾斯麦需要拉拢新盟友。当俾斯麦开始摧毁旧日盟友时，他完全是出于现实政治策略的考虑。

利用三寸不烂之舌与一些密谋手段，俾斯麦将一度强大的自由党分化成两派：其中一派愿意继续与他合作，以实现自己的至少一部分诉求；另一派则不愿再继续牺牲自己的原则。那些拒绝向俾斯麦妥协的人最终退出自由党，加入了进步党（该党派在1884年被改组为德意志激进党）。随着票仓分裂，自由主义运动在德国政坛的影响力走向衰退，社会民主党人开始对政府施加实质压力。这一现象印证了19世纪德国自由主义与民族主义的密切交织：这场运动从1812年的抗法解放战争开始蓬勃发展，以至于在1848年至1849年革命期间几有推翻旧秩序之势。尽管如此，在完成了大部分目标之后，这场运动最终还是耗尽了力量。大多数德国人都满足于君主立宪政治，尽管俾斯麦和威廉一世犯下不少错误，他们还是得到了德国人的尊崇和爱戴。政治思想和理想主义此时还无法与统治者的魅力及君主的威严相抗衡。在最初的大部分诉求得到满足后，自由主义失去了对选民的吸引力，俾斯麦的策略只是压垮这场运动的最后一根稻草。德国自由主义在之后几十年里都没能从这场衰败中复苏，正是在这一惨淡的历史背景下，马克斯·韦伯在1918年写下了自己的反思，而此时的社会主义者、共产主义者与右翼民族主义者都越发反对现有秩序。1918年爆发的第二次德意志革命，已不再由自由主义者主导。

德意志的恺撒？帝国的治理之道

威廉一世皇帝曾抱怨"有俾斯麦掌权，国王真难当"。一位只对上帝负责的主权君主怎能任由那个出身平平、靠暴力手段攫取政治权力的"容克疯少爷"威逼操纵？自1862年任命俾斯麦为普鲁士王国首相起，威廉一世一直对自己走上的这条道路心怀疑虑，也不认同自己从那时起所做的每一个重大决定。他非常害怕在议会占据多数、还刚刚否决了陆军改革方案的自由主义者，以至于他在1862年9月一度认真考虑过退位。当俾斯麦用冷静的语调向议员们宣布，无论他们是否乐意，他都将带领普鲁士走上一条"铁与血"之路时，威廉一世感到无比惊恐。同样，即使在德意志即将统一的时刻，威廉仍不愿放弃普鲁士王位，甚至在帝国宣告成立的1871年1月18日早上仍为此事落泪。他浑浑噩噩地听从了俾斯麦的计划，但他完全没弄明白为何要这么做。俾斯麦对同时代的人——无论敌友——都施加了极为强势的控制，而且他并不是像20世纪的独裁者那样利用口才实现这一点的。1909年的《格里本柏林旅游指南》(*Gribben's Travel Guide to Berlin*)中写道，即便在这位铁血宰相去世11年后，柏林城内的俾斯麦雕像仍然以"刚健有力的体态与炯炯有神的目光"散发着"钢铁般的意志力"。俾斯麦有一种固有的、不可动摇的信念，他认定自己的路线是正确的，任何外力都无法阻挡他，这对议会议员、其他国家的外交官乃至国王本人都造成了强烈的影响。这种特质也让他成为有史以来最伟大的政治家之一。

当时的人与后世史学家都曾将俾斯麦的政治模式描述为独裁统治，甚至是"君主专制"（Caesarism）。我们不难理解，为什么现代的观察者如此强烈地质疑俾斯麦使宰相（总理）一职在宪法中占据核心地位的做法。俾斯麦为德国设立的"总理民主"传统虽然经历了相当大的变动，仍然经受住了战争、独裁统治、东西分裂与两德统一，并延续至今。在本书写作时，安格拉·默克尔（Angela Merkel）正处于她担任德国总理的第四个任期，仍拥有很高的支持率，她的前辈中也不乏赫尔穆特·科尔与康拉德·阿登纳等长期任职者。德国人对宰相（总理）的称呼也能体现这一职位在国民心中举足轻重的地位：俾斯麦曾被称为"国父"（Gründervater），默克尔则被亲切地称为"默克尔老妈"。这个国家如此支离破碎，地域差异如此鲜明，它深受分裂、战争和痛苦回忆的折磨，渴望以一种近乎孩童般的方式获得稳定与领导。在这种背景下，一个权威的父亲形象充满吸引力，而俾斯麦正是这一角色的绝佳扮演者。

法国大革命及其余波在欧洲的政治思想界引发了深刻而长久的变革。1848年以后，即便是君主统治最坚定的支持者，也开始在一定程度上接受宪法适度制约君权的理念。但在另一方面，法国的历史经验也表明，独裁政治与进步思想并非绝不相容。拿破仑在1807年颁布的《民法典》以及拿破仑三世在1853年对该法典的恢复都表明，非选举产生的领袖并不一定会与自由思想、法治等理念发生冲突。因此，19世纪中后期出现了关于"现代式"独裁政治的热烈讨论，就连自由主义的阵营中也有这种理念的支持者。在拿破仑三世因1870年普法战争的惨败而下台后，很多自由主义者相信，新生的德意志国家有可能实现法国未竟的目标：在一个捍卫法治而不至于堕入专制主义的国王统治下，保障全体公民的自由。问题在于当时的统治阶级鄙视这一想法，在他们看来，贵族像平民一样受到《民法典》管理的想法本身就充满革命与共和主义的可疑气息。还有一个问题更为关键："君主专制"（当时的政治思想家已开始使用这一名词）的建立需要一位如拿破仑那般广受欢迎的魅力型领袖，但威廉一世既不是波拿巴，也不是恺撒。他固然受到很多德国人的喜爱，但他无法像拿破仑那样施展令人目眩的人格魅力，说服所有法国人投票恢复君主的绝对权力。

俾斯麦也不擅长公众演说，至少他在嗓音的音质和穿透力上都不具备足够的条件。历史学家福克尔·乌尔里希（Volker Ullrich）曾描述俾斯麦的"讲话方式显得局促不安"，"声音尖细刺耳"，[3]尽管他也指出，这并不意味着俾斯麦的演说缺乏影响力。俾斯麦以精准而生动的语言表达能力，大大弥补了他在嗓音上的不足。甚至在俾斯麦早年的学业报告上，就有老师评论说这位学生口才惊人。俾斯麦发现，即便在敌意最强烈的对手面前，他也能利用极具感染力的生动语言，轻易就激怒、挑拨或是安抚、吸引对方。俾斯麦异常魁梧的身材进一步巩固了他的强势形象。他身高6英尺2英寸（约1.83米），有着宽阔的胸膛、金色的头发和他标志性的金色胡须。不论这位身材魁梧、自信满满、目光坚定的人物走到哪里，在场之人都会停下来倾听他的发言。这位铁血宰相在从政期间，也为自己精心打造了传奇的形象。在初涉政坛的19世纪40年代，这位作风古怪的年轻贵族就频频与资深议员、外交官和革命者发生正面冲突，很快为自己赢得了"钢铁"的名声，这远远早于他发表著名的"铁血演说"的1862年。在挑起并赢得一系列战争、实现德意志统一后，俾斯麦更是成了国民英雄。

威廉皇帝与俾斯麦的关系颇为微妙。前者在1861年接任普鲁士国王之初，并不愿意任命俾斯麦为普鲁士首相，直到1862年的军事改革危机迫使他将俾斯麦从巴黎召回。但在那之后，他开始倚赖这位强势的大臣。俾斯麦在埃姆斯电报中篡改国王言行的做法既突破了外交行为的底线，也是对威廉本人的直接背叛，但威廉无法反抗俾斯麦。在1871年德意志帝国统一后，威廉对帝国政府的日常政务失去了兴趣，他只想当普鲁士国王，从未想过要做德意志帝国皇帝。然而，这正是俾斯麦想要的，他也最终得偿所愿。于是，威廉在普鲁士宫殿和乡间别墅中度过的时间越来越多，他在那里打猎、会客，几乎不关心新帝国的运转状况。俾斯麦不是共和主义者，他对君主制无比尊崇，但他设计的帝国宪法允许国家元首将国家的管理工作都交给宰相（俾斯麦本人），一如店铺老板做甩手掌柜，将生意都交给经理操持，自己很少来店铺营业。如果德国真的有一位独裁者"恺撒"，那也应该是俾斯麦，而非威廉。

践行现实政治的俾斯麦在推动法案通过时并不会顾忌道德规范。常常被认为出自俾斯麦之口的名言"法律就像香肠"是个一针见血的比喻：第二帝国的立法过程的确像制作香肠一样混乱而令人不适。为了让法案通过，俾斯麦可以动用各种手段恐吓、哄骗并纠缠议员与皇帝，迫使他们就范。任何底线都可以被打破：如果精心罗织的辞令不能见效，俾斯麦就会大发脾气，当众羞辱对手，突然痛哭或是——如果情势必要——以辞职作为威胁。[4] 一想到俾斯麦下台后自己就要独自管理这个德意志帝国（这帝国对皇帝内心的普鲁士灵魂而言堪称诅咒），年事已高的威廉一世都会无比恐惧，于是几乎应允俾斯麦的一切要求，只要他能留下来继续主持政务。

俾斯麦对帝国政府的掌控巨细靡遗，近乎偏执。他会直接管理内阁高官乃至整个文官系统的细节事务，不愿下放管理任务，也很难相信他人能把事情做好。结果就是俾斯麦的政界圈子里逐渐发展出各种裙带关系。1874年，他力劝自己的长子赫伯特成为公务员，还安排他结识了国王的孙子威廉，即未来的皇帝威廉二世。1886年，俾斯麦任命赫伯特为外交大臣，让他信任的心腹在这个核心部门工作，毕竟此时的德国仍然需要谨慎维持自己在欧洲的地位。

1848年革命期间，俾斯麦曾试图说服当时还是王妃的奥古斯塔密谋反对她丈夫的兄长弗里德里希·威廉国王，俾斯麦与奥古斯塔的关系自此恶化。奥古斯塔无法忍受俾斯麦的傲慢，认为他对自己的丈夫施加了太多控制。她与俾斯麦的关系糟糕到两人拒绝在同一个房间里进餐，这想必令威廉皇帝颇感尴尬。俾斯麦与太子妃维多利亚的关系也很紧张。皇太子弗里德里希从英国迎娶维多利亚时，他们原本希望以英国宪制为蓝本，在德国建立起一套更加自由开明的政治体系。维多利亚女王在抚养这位长女时,也教导女儿要以她和她的德国丈夫阿尔伯特亲王为榜样,学习如何与丈夫共同治理国家。不过,俾斯麦对此深恶痛绝,他非常担心弗里德里希即位后只有君主的虚名,而实际政务都由维多利亚决策。史学家乔纳森·施泰因贝格(Jonathan Steinberg)甚至提出了更激进的观点,他认为俾斯麦的态度体现了他自童年时代就形成的根深蒂固的厌女症。无论如何,俾斯麦无疑都十分厌恶奥古斯塔和维多利亚,他认为这两个女人好管闲事,妨碍自己操纵她们的夫君。俾斯麦只是单纯地怨憎她们,让他在别处游刃有余的政治游说艺术蒙上了失败的阴影。

作为宰相,俾斯麦的主要职责是掌控帝国议会。虽然根据帝国宪法规定,帝国议会没有立法提案权,但它有权否决它所审核的法案,这种情况也经常发生。为了说服394名议员同意自己的计划,俾斯麦不得不寻找除眼泪和咆哮外的其他工具。他会精心维系盟友关系,展开各种幕后交易,也会像摧毁民族自由党那样施展无情的诡计——俾斯麦在这两种行事风格中维持着精巧的平衡。这与波拿巴王朝的共和独裁有着本质区别:19世纪法兰西帝国的两位皇帝都不必与一个咄咄逼人的议会展开艰苦斗争。那时的法国人相信过多的异见会造成国家的软弱与分裂,因此,全体国民应该由一个强有力的领导人来代表,这样才能避免犯错。而在拿破仑一世和拿破仑三世看来,法国大革命正是犯了这种错误。相比之下,俾斯麦没有两位拿破仑皇帝那样的好运。无论有没有魅力型领袖的感召力,他都要去应对那些政治意识越来越强的德意志国民所选出的代表。尽管俾斯麦只需要对皇帝负责,皇帝也不会罢免他,但他还是创造出了这样的政治制度——法案只有经过代表德意志人民的议会批准才能生效。

威廉一世不乏民众爱戴,但他也没有卓越的号召力,无法扮演拿破仑的角色。更重要的是,他对统治帝国缺乏兴趣,而帝国的臣民们也意识到了这一点。如果威廉一世在1871年后试图将自己的意志强加给德意志国民,他一定会遭到空前强烈的反击。从表面上看,俾斯麦更适合担任这个"恺撒"式的专制统治者:他气场强大,声望极高,其权威远远凌驾于他所缔造的帝国宪法之上。但强大如俾斯麦,也无法撇开帝国议会这一代表选民意志的机构施行统治。很多德国人崇拜俾斯麦,把他当作德意志民族国家的缔造者,在俾斯麦去世后更是为他修建了数百座纪念碑。尽管如此,俾斯麦所在的时代不仅盛行民族主义与威权主义,自由主义和民主思潮的影响力也同样强大。正如马库斯·普鲁施(Markus Prutsch)所说:"尽管俾斯麦握有惊人的巨大权力,但是'鸟尽弓藏'仍是贯穿他整个政治生涯的关键词。"[5]由此可见,俾斯麦不可能是一个现代意义上的独裁者。换言之,德意志没有"恺撒"。

"文化斗争":俾斯麦与德国天主教

一个排除了奥地利的统一的德意志,给这个新生民族国家的宗教构成带来了深远影响。通过将奥地利这个德语地区最大的天主教国家排除在外，俾斯麦有效地将天主教徒变成了德国的少数派。经历了宗教改革与三十年战争，德意志地区的宗教版图变得十分独特。北德意志地区以新教徒为主，南德意志人大多仍信仰天主教。莱茵兰地区的大部分居民也是天主教徒，这在1815年该地区首次被划归普鲁士王国时便引发了不小的冲突。（100多年后的莱茵兰名流，像是1949年被任命为联邦德国第一任总理的康拉德·阿登纳，仍然在为莱茵兰脱离普鲁士控制的事业而不断斗争。）而此时，普鲁士已经将势力范围扩张到德意志南部，天主教徒也在密切关注局势变化。三十年战争中德意志新教徒与天主教徒惨烈厮杀的痛苦回忆给德国人留下了深刻的精神创伤，而1871年，宗教冲突扩大的危险前景再度显现了出来。此外，法国大革命与其后的拿破仑政权曾致力推动宗教改革，试图在法国及其附属国（包括莱茵邦联）境内限制天主教会的影响力。这场激进的世俗化运动震动了整个欧洲，并引发了关于教会与国家关系的广泛讨论。自由派和改革派的世俗化改革呼声得到了支持，这反过来引发了天主教团体和教皇的防卫性反击，教会学校、信徒俱乐部与宗教社团的规模都有所扩张，并纷纷主张自己不必受政府管辖。十分讽刺的是，呼吁国家世俗权力不受天主教会干预的运动，反而催生了一股天主教政治势力扩张的浪潮。

在信仰新教的普鲁士主导着德意志统一事业的背景下，天主教徒自然想要拥有能代表自身利益的政治力量。1870年12月，旨在捍卫德国天主教、反对世俗化改革的中央党（Deutsche

Zentrumspartei）成立。该党的委员会通过了一份呼吁政治权力下放、教会独立与社会改革的纲领，并宣称这些主张是为了"与所谓的普鲁士传统抗衡"，这清楚地揭示了一些人对普鲁士主导下新德意志国家的深深疑虑。中央党具备成为俾斯麦政坛强敌的潜质：作为唯一一个与社会阶层背景无关的政党，它受到了德国所有天主教徒的支持，从而赢得了德国三分之一的选民。如果俾斯麦不谨慎行事，德国天主教的集体觉醒就有可能随着中央党的选举活动转变为实际的政治行动——在1871年议会选举中，中央党已成为第二大党，赢得了18.6%的选票。这一成绩表明，大多数天主教选民都把票投给了代表他们的宗教立场，而非政治、经济或社会事务偏好的党派。

俾斯麦感到自己不能放任现状继续发展下去，他还担心教皇未来可能会干涉他苦心拼凑起来的脆弱联邦。在1869年至1870年召开的第一次梵蒂冈公会议期间，教皇正式发布了"宗座无谬误"的信条，宣称教皇作为上帝的代表，他的一切教诲皆无谬误，因此必须被所有信徒遵守。此外，教皇庇护九世还在1864年发布了《谬论举要》，将自由主义、民族主义与政教分离都列为谬误。这些指控加上"宗座无谬误"的原则，让很多德国天主教徒陷入难解的矛盾：教皇的指示无异于宣告，新兴德意志国家的一切理念在宗教上都是错误的。换言之，如果德国天主教徒追随俾斯麦的领导，他们就将违背教皇的训诫，从而违背上帝的旨意。

俾斯麦对此深感忧虑。在此之前，他通过战争和巧妙的计谋才勉强让美因河南岸的天主教邦国同意加入德意志联邦；莱茵兰地区的天主教徒和普鲁士东部要求独立的波兰裔少数族群一样难以驯服，其中的后者仍在呼吁脱离德国；普法战争结束后，俾斯麦还得对付阿尔萨斯和洛林。他认识到，只有将天主教问题保持在可控范围内，才能确保帝国的高度统一。于是俾斯麦设计了一个策略，宣布所有试图破坏德意志统一的势力都是"国家公敌"（Reichsfeinde）。这个概念制造出一种可以用来团结所有社会阶层、实现共同目标、对抗德意志民族内部敌人的意象，不但可以被俾斯麦用来削弱天主教徒的政治力量，也能在其他事务中发挥作用。在没有外部冲突的和平时期，"国家公敌"便是提升国民凝聚力的最佳选择。对俾斯麦更有利的是，自由派也对天主教徒的政治活动感到紧张不安。庇护九世不但谴责了自由主义思想本身，也反对自由主义者捍卫的一切基本权利，例如言论自由。早在1866年普奥战争期间，这种分歧就在德意志天主教徒与新教徒之间频繁引发暴力冲突，令军方难以应对。因此，俾斯麦和他的盟友——民族自由党人——达成共识，有必要以巩固德意志统一的名义采取行动。他们都认为，针对天主教的行动是一场为德意志民族灵魂而战的"文化斗争"。

俾斯麦认为，对天主教反对力量的遏制最好从行政手段开始，同时国家教育和集体记忆将会更长远地塑造德意志民族的精神。因此，政府颁布了一系列措施，限制天主教的政治活动，贯彻政教分离原则。1871年12月，所谓的"讲坛规条"（Pulpit Paragraph）是政府当局的首次发难，禁止神职人员在宗教场合发表政治观点或批评政府。1872年3月，当局又颁布了《学校监事法》，将学校的检查与监管权收归国家，即便是私立学校和教会学校也不例外。若是回顾一下欧洲教会神职人员长期以来主导教育事业的历史，便不难发现，这种看似并不尖锐的政策背后已经显示出世俗政府日益增长的信心，其统治权力的触角也已开始进入国民的私人生活领域。数百年来，天主教会都陪伴着信众走过他们人生的每一个重要阶段，掌管着信众的出生、婚姻、殡葬及其他一切人生大事。俾斯麦要从教会手中接管对德国年轻人的伦理道德与知识教育控制权，这引发了一场文化冲突。

为分散这些政策发布初期所面临的舆论压力，俾斯麦辩称，一些波兰学校拒绝以德语授课，有害国家统一，所以德国有必要推行《学校监事法》。毫无疑问，俾斯麦确实忌惮波兰分离主义运动，希望通过控制教育来同化波兰的年轻人。但民族自由党人无疑也从中发现了机会，可以一劳永逸地清除教会在教育事业中的反动影响，并引入世俗化课程取而代之。随着帝国议会在1872年夏天通过法案，将所有耶稣会士驱逐出境后，《学校监事法》以同化波兰族群为名、实为挑起意识形态战争的本质便昭然若揭。当时德国境内大约只有200名耶稣会士，但他们被视为教皇在德国最忠诚的代理人，而那时的德国政坛对教皇干预德国内政的恐慌也达到了空前高度。在此局面下，担心会受到政府更严厉压迫的德国天主教徒越发愤懑。他们的愤怒、怀疑与恐惧在1873年春达到顶点，"文化斗争"将正式上演。

随着天主教徒的反抗，俾斯麦出于对所谓"黑色国际"强大反动势力的偏执恐惧，切断了与梵蒂冈的一切外交关系，并授权普鲁士王国教育大臣阿达尔贝特·法尔克（Adalbert Falk）推行一系列激进措施，即所谓的1873年"五月立法"，几乎将教会活动全盘置于国家管控之下。现在神职人员必须在德国大学取得学位，其神职任命也必须向国家当局报告，当局还设立了一个"皇家宗教事务法院"。1875年，不满足于在政治上限制教会活动的自由派联盟又废除了国家对宗教机构的资金补助，以此在财政上削弱教会。俾斯麦与民族自由党人还试图扩大国家对出生、婚姻和殡葬等传统生活事务的控制。1874年，德国政府将民事婚姻定为唯一合法的婚姻形式，夫妇仍能在教堂结婚，但只有在举行国家规定的官方仪式后，这桩婚姻才能在法律上生效。这一政策清楚地表明，所谓"文化斗争"不只是为了遏制天主教在德国的政治活动，实际也是为了争夺德意志精神与道德的权威。

如此激烈的政策自然引起了天主教会的强烈反抗。德国天主教徒在俾斯麦的"文化斗争"中非但没有屈从，反而更紧密地团结起来。中央党在1877年议会选举中获得了近25%的选票，这表明绝大多数天主教徒都在选举中支持了这个代表自己宗教信仰的政党。新教徒也对德国社会如此迅速而激进的世俗化改革趋势感到不忿。"五月立法"关于宗教组织、教育与婚姻的规定同样适用于新教，这使普鲁士保守派和天主教保守派一样感到不满和忧虑。即便撇开教派因素，不少极端保守的德国人也很鄙夷将道德价值与宗教信仰分离的自由进步主义立场，对他们来说，政府的措施是过激的改革。在当时的德国，一个不信神，因而无道德的社会令很多人感到恐惧。到19世纪70年代晚期，"文化斗争"在俾斯麦看来已经失去了政治前景。

此时，德国的自由主义运动正在快速衰败，这可能进一步促使俾斯麦改弦易辙，及时止损，与天主教徒和保守派和解。经济因素也影响了俾斯麦在这一时期的路线转换：要求俾斯麦设置保护性关税的压力日益增长，而自由党人对关税持坚决反对态度，俾斯麦需要在帝国议会联合保守派，以获得多数席位支持。随着1878年新任教皇利奥十三世在罗马当选，并立即表示愿意与德国和解，俾斯麦改变方针的时刻终于到来。他再次施展现实政治手腕，终结了长期以来与民族自由党的合作，转而通过保守派和中央党在帝国议会建立了新的多数党派联盟。为了让这些派系捐弃前嫌，俾斯麦搬出了一个足以让他们与自己合作的新敌人：社会主义。

很多人将这场艰难的"文化斗争"视为一个错误，乃至俾斯麦政治生涯中罕见的政治误判。诚然，1872年至1873年当局骤然兴起的反天主教偏执在不少德国人中引发了不满——不论他们是否信仰天主教。"五月立法"中的很多规定不得不在事后废止，天主教至今仍在德国拥有强大的政治影响力。但"文化斗争"的根本目的——扭转国家与教会间的关系——仍得到了部分实现：它开启了通往以民族认同而非信仰立场为核心文化认同的世俗化社会的进程。直至今日，德国的婚姻仍受民事法律约束，绝大多数儿童就读于公立学校而不会被强行施加宗教教育，宗教生活也被视为私人事务。"文化斗争"或许在实践中过于激进、笨拙，产生了适得其反的效果，但德国的自由主义者最终仍取得了胜利。自那以后，宗教意识在德国只能位居德意志民族认同之下。

德国制造：帝国成为经济大国

今天，标有"德国制造"字样的产品最受世界消费者信赖。[6]这一声誉离不开德国长久以来重视出口的工业传统。工业革命之初，英法两国的工业化与近代化速度远超当时尚未统一的德意志，但从19世纪中叶起，德意志的工业经济开始迎头赶上。从最初的关税同盟到北德意志邦联再到1871年帝国成立，德意志地区的经济合作日益密切，引发了经济史学界所谓的"第二次工业革命"。

得天独厚的自然条件令德国在工业化进程中享有巨大的优势，这是其他欧洲国家所不具备的。德国的地理位置极为优越，国土北面临海，与诸多欧洲国家比邻，更有莱茵河、多瑙河、易北河、奥得河与施普雷河等便于通航的大河纵横交错，北部平原更是铺设铁路的理想地形。在1871年帝国成立之前，唯一阻碍这片土地形成高效基础设施与贸易流通网络的因素，便是德意志各邦之间缺乏协调合作。此外，德意志地区拥有丰富的铁、煤炭等矿产资源，还有肥沃的耕地，足以供养快速增长的人口。统一后的德意志是整个欧洲面积最大、人口最多的国家，具备成为欧洲最大经济体的潜力。坐拥如此优越的条件，新生的帝国很有希望成为被全世界艳羡的富强国家。

从1871年开始，德国的确经历了被称作"建国繁荣"的阶段，对那个时代的经济与社会造成了深远的影响，在工艺设计、家具风格和艺术领域开启了风格独特的"建国时代"（Gründerzeit）。柏林的城市建设在这一时期空前繁荣。外墙装饰华丽的高档住宅被建造出来，以容纳搬进城中的新兴富人阶层，迎合他们日益增长的自信心。虽然这些建筑大多在"二战"的柏林战役期间毁于战火，但其他城市的同时期建筑，例如汉堡市政厅与慕尼黑马利亚广场上的标志性建筑——新市政厅大楼仍得以幸存。普法战争也为德国带来了巨大的经济收益：战败的法国在议和时同意于1875年3月前支付50亿法郎赔偿金，为铁路（在被普鲁士政府国有化之后，铁路事业得到大量资金注入）等基础设施的建设提供了财政支持。到1880年，德国铁路每年运送旅客4.3万人，已经超过了法国铁路系统。[7]与其他欧洲国家不同，德国在发展铁路时并非优先关注客运，而是重点考虑不同地点之间的原材料与工业品运输。因此，铁路最先受到鲁尔区工业中心地带的青睐，这里率先发展出一个纵横交错的密集铁路网，能够联通北方的汉堡、不来梅等港口。以工业为重的开发思路虽然令农村地区被孤立在铁道交通网络之外，却让德国经济以令人目眩的速度赶上了其他竞争对手的发展步伐。凭借铁路网的扩张与劳动力的增长，德国的重工业快速崛起，仅生铁（可重新熔铸以供多种产业使用的铁原料）的产量就在1870年至1872年间增长了61%，但这种增长幅度也无法跟上同时期生铁需求111%的惊人涨幅。供不应求的局面令生铁价格激增90%，[8]从而提高了原料生产的利润率，这些收益又作为再次投资流向了建筑工程、机械与工业品制造等行业。

在德国统一带来的经济效应及1870年战胜法国掀起的民族主义热潮推动下，德国经济领域中洋溢着空前的乐观情绪。人们相信，新建立的德意志国家无所不能。为彰显这种自信精神，政府决定建造一座宏伟的帝国议会大厦。1872年，一个建筑主体为新巴洛克风格、搭配钢筋玻璃穹顶的设计方案从103名建筑师的提案中脱颖而出。钢筋玻璃穹顶的设计方案只有凭借当时最前沿的工程技术才能实现。继美国费城独立纪念堂和英国伦敦的水晶宫之后，德国也开始闪耀光芒，受世界瞩目了。人们满心相信德国经济将维持现有的高速增长势头，于是投入了大量资金。而俾斯麦和他的自由派盟友一直青睐自由市场政策，因此，金融市场起初几乎没有受到什么监管。俾斯麦任命干练沉稳的职业官僚鲁道夫·冯·德尔布吕克（Rudolph von Delbrück）执掌帝国财政部，让这个政治立场可靠的经济自由主义者来负责建设统一的德国市场——早在北德意志邦联时期，德尔布吕克就担任过相同的职务，并成为俾斯麦的亲信。这也意味着，德国政府在1871年对金融市场几乎没有施加约束，一些大型垄断公司与企业联盟组织，例如德意志银行、德国商业银行（二者至今仍是业界巨头）便是在这一时期诞生的。在"建国时代"狂热情绪的影响下，大量私人资金涌入新兴产业，股票价格平均涨幅高达50%。但这种狂热情绪在1873年达到饱和，随着这股疯狂的浪潮席卷欧洲各国的金融市场，经济繁荣戛然而止。1873年10月，柏林爆发了"大恐慌"，引发了德国历史上第一次经济衰退。

从许多方面来看，这次危机没有对德国工业造成较为长远的影响。它只是让帝国建立后最初几年间过热而不健康的经济增长趋于平稳。在这之后，经济停滞不前，但也没有大幅衰退，生产率也恢复正常，没有出现像其他国家那样严重的产能过剩问题。然而，经济波动对中产阶级和工人阶级造成了尤为严重的冲击。很多进城务工的农村劳动者本想在工厂赚取更高的薪水，却在一夜之间失去工作。他们得不到政府的福利保障来减缓危机，又失去了家族的支持，被迫陷入赤贫，无家可归，孤独地游荡在寒冷的街头，靠打零工或乞食维生，这样的惨状与他们原本憧憬的现代城市生活实在相去甚远。在此前两年中，那些通过投资与银行储蓄赚了钱的中产阶级人士，也有不少人因为缺乏实体资产，无法度过金融危机而变得一贫如洗，只能蜷缩在狭小的廉价公寓中，幻想着有朝一日能回到那个更好的时代。在这一背景下，很多德国人对自由主义者的市场放任政策彻底失望，对银行家牟取暴利的愤怒很快转变为政治行动，敦促当局加强经济管制。德国的自由资本主义时代至此走到尽头，德尔布吕克等自由主义者也不得不下台。

俾斯麦在经济政策上没有什么强硬的立场，但他承受的压力正不断增强。此时全球粮食生产过剩，来自俄国、阿根廷和美国的廉价进口粮食对德国农业造成了强烈冲击。德国实业家中央协会（Central Association of German Industrialists）等强大的利益团体也在这一时期纷纷诞生，呼吁政府保护本国工业。[9] 别无选择的俾斯麦只能决定改变路线，忠实的德尔布吕克成了第一个牺牲品：他在1876年被迫下台，不再为十多年来的老上司俾斯麦效力。与此同时，因为帝国议会的民族自由党人绝不会允许政府推行保护主义政策，俾斯麦必须设法与其切割。随着形势变化，俾斯麦抛弃自由派、拉拢保守派的时机已经成熟。

俾斯麦政权的"文化斗争"将火力对准德国天主教徒，但讽刺的是，这一敌对态度反而提升了中央党的支持率，令该党在1878年得到了23.1%的选票支持，德意志帝国党和德意志保守党加起来也占据了帝国议会27%的席位。相比之下，民族自由党在选举中大败，席位数比之前减少了近四分之一。俾斯麦通过向中央党与保守派承诺推行保护主义经济政策、建立对抗自由派与社会主义者的联合阵营，设法说服了他过去的敌人，让他们原谅并遗忘了他所发起的"文化斗争"。最终，俾斯麦成功在议会组建保守派执政联盟，并于1879年6月12日通过《关税法案》，对每吨进口生铁征收10马克关税，迫使其价格抬升17%，远远高于国产生铁的价格。进口农产品也受到了关税壁垒的影响：每吨进口小麦须缴纳70马克关税[10]，令俾斯麦的贵族地主朋友们庆幸不已。19世纪80年代，由新旧精英阶层组成的所谓"铁与黑麦联盟"施展了强大的政治游说力量，主导了德国的经济政策，对德国的社会政策产生了长达数十年的影响。

虽然相较于工业部门，农业部门在德国经济中的比重有所下降，但是机械化与新兴技术仍令德国农业迎来了飞跃式增长。从1873年到1913年，德国小麦产量增长50%，生猪饲养规模从

700万头增至2500万头，如此显著的增长主要源自硝酸钠化肥和蒸汽动力机器的引进与使用。这一增长趋势也对德国整体经济形势产生了两个重大影响。首先，产能的快速膨胀严重压低了农产品价格与农业薪资水平，大大降低了农业部门的经济吸引力。其次，德国粮食市场的供给变得极为丰富，也不再像过去那样因为天气和收成的限制而发生波动。稳定而丰富的食品供应使德国人口飞速增长，到俾斯麦卸任的1890年时已接近5000万，由此诞生的巨大国内市场与庞大的劳动力储备，又为经济的进一步增长奠定了基础。

这一时期德国经济的增长并不限于钢铁、煤炭和农业等传统领域。从中长期来看，化工、电子制品和机械制造等新兴行业对德国经济而言同样至关重要。从1871年到1913年，德国仅机械产品出口规模就增长了5倍，"德国制造"成为可靠耐用与技术先进的代名词，机械制造业在德国出口总额中的占比达到7%。从19世纪80年代诞生的早期内燃机到最早的汽车，这些产品所代表的德国经济发展道路从19世纪70年代延续至今，即便历经两次世界大战仍没有改变。电力与电子制造业在德国的发展也经历了漫长的历史考验。包括西门子和AEG（安亦嘉，即"通用电力公司"的缩写）在内，今天许多成功的德国电子制造企业都成立于俾斯麦时期，它们的业务最初是为企业供电，随后扩展到为整座城市提供电力。此外，巴斯夫（BASF）和拜耳等称霸当今业界的化工巨头在当时也为德国经济的发展做出了贡献。这些新兴产业开辟了新的领域：这些领域有全新的产品，广阔的利润空间，同时也要求生产者的高度专业分工。它们需要受过良好教育、拥有丰富经验的熟练劳动力，而这些技术劳动者又必然会要求更高的工资待遇和更好的工作条件。由于专业高度细分，这些新产品很少会有海外厂家的竞争压力，不会受低价竞争的困扰。而"德国制造"的素质与名声得到国际市场认可，这些产品在出口时也可以维持较高的价格水平，为企业主、雇员乃至德国带来丰厚的收益。

即便没有遍布全球的殖民地网络，无法从海外榨取资源与人力，新生的德国仍享有成为经济大国的优良条件。虽然没能赶上帝国主义瓜分世界的热潮，无法建立在规模上与英法相媲美的殖民事业，年轻德国的经济发展势头却并未因此受限。1873年的短暂衰退没有令腾飞的德国经济突然夭折，只是平息了"建国时代"的过度扩张势头。从自由主义路线转换到保护主义路线之后，德国逐渐崛起为现代经济大国，开始与其他西欧邻国竞争。

什么是德意志？俾斯麦统治时期的德国社会

1878年，著名作曲家理查德·瓦格纳试图回答一个问题："什么是德意志？"这个问题从1865年开始便困扰着他，直到13年后，他仍然认为自己"没有资格回答'什么是德意志'（was ist Deutsch）"。[11] 瓦格纳最著名的作品可能是歌剧《尼伯龙根的指环》，但他也因激进的政治立场和特立独行的生活作风而成为颇有影响力的公众人物。他与女演员明娜·普拉纳的婚姻动荡不安，还曾与她一起逃到伦敦和巴黎，以躲避其所到之处不断积累的债务，这些个人事迹及其反犹主义观点都让瓦格纳声名狼藉。但瓦格纳也曾积极参与早期社会主义运动，还曾投身1848年至1849年的革命。和很多德意志民族主义者一样，他在德意志帝国成立将满10年之际，对这个新国家所取得的成就感到失望。瓦格纳曾在1848年至1849年的革命中参加过街垒战斗，并在革命后遭到流放，当1871年德国统一时，这位革命者一度认为这些经历都是值得的。但在1878年，瓦格纳又变得愤世嫉俗起来："当我们投下自由的一票，选择'自由贸易'时，我的德意志内心也曾怦然跳动。这片土地曾经十分贫困：工人在挨饿，产业衰败萎靡，但'生意'却依旧兴旺。而今天仍然是如此。"[12] 瓦格纳是许多第一代"德国人"的典型代表，他们曾在1871年德国统一时对新社会满怀期待，却不得不在统一的光环散去后面对俾斯麦统治时期的社会现实，并为此深感不安与愤懑。

起初，大多数德国人仍对帝国建立后的个人前景抱有乐观态度。正如历史学家米夏埃尔·施蒂默尔（Michael Stürmer）所说，高速工业化带来的经济快速发展让大多数人都期待着过上"更长寿、更幸福的一生"，并相信子孙后代一定会过得更好。[13] 所谓"乐观的进步主义"（Fortschrittsoptimismus）在1871年至1873年间流行于德国社会各阶层，美国的历史学者弗里茨·斯特恩（Fritz Stern）甚至称这股热潮是"全国迷醉"与"无节制的集体自大"。[14] 在个体层面,许多德国人也能看到进步正在发生的真实证据:工资增长了,新的岗位不断出现,罗伯特·科赫(Robert Koch)这样的德国人也开始在医学领域与欧洲顶尖科学家相匹敌。在很多国民看来,德国已经走上了大国崛起之路,民族情绪逐渐高涨。

在1873年金融危机中,这种乐观情绪受到了沉重打击。人们不再把中产阶级的自由资本主义视作通往德国进步与崛起的坦途,并且怀疑这套体制只能让少数商人和银行家牟取暴利,而社会中的大部分人并不能从中得到好处。正如瓦格纳的例子所展现的那样,人们的不满情绪时常体现为反犹主义,指责犹太金融家企图为了私人利益而分裂德国。1873年的危机在社会各阶层引发了反自由主义的保守化潮流。在社会顶层,旧贵族的恐惧似乎成了现实:领地和头衔已不足以保障他们的财富和政治影响力,机械化、大规模制造业以及来自工业部门的竞争也严重撼动了他们的社会地位。在社会基层,工人阶级苦苦挣扎于从1873年一直延续到19世纪80年代的所谓"长期萧条",艰难谋生。与美国等其他西方经济体相比,德国在这场危机中受到的冲击较小,但较低的投资意愿往往意味着劳动者的待遇更加糟糕。没有政府救济、公共医疗、生产安全规范与劳动法保障的工人们只能依赖雇主的慈悲,但只顾追求扩大利润率的企业主往往对他们缺乏怜悯。这一时期的工资水平仍然维持增长,尽管1873年爆发了短暂的经济危机,经济扩张也并未停止,但是人们的生活成本也在飞速上升。经济史学家格哈德·布莱(Gerhard Bry)估算,德国人的生活成本在1871年至1874年间大幅上涨了14%，在这之后才逐渐回落到合理区间。但那时的德国社会中已形成一种剥削文化，城市化发展与无产阶级的扩大在德国制造了大批心怀愤怒的底层贫民。祖国的繁荣梦想反而让工人们落入了无法挣脱的经济与阶层困境。在包括梦想幻灭在内的多种因素作用下，德国赴美移民规模在19世纪70年代到80年代几乎翻了一番，[82]不过这当中也有很多人是想要逃离"文化斗争"迫害的德国天主教徒。

即便不考虑1873年的金融危机，因第二次工业革命而加速的城市化进程仍然给德国社会带来了长期的挑战。在这一过程中，帝国的新首都柏林或许是一个极端案例，却能让我们从中窥见当时的人口流动规模。作为普鲁士王国及北德意志邦联的首都，柏林的人口此前已经历过一轮快速增长。1871年，柏林已是德国最大城市，居民人数为913 984。到1890年俾斯麦下野时，柏林人口在此基础上多出了不止一倍，达到190万。虽然大多数德国人仍然居住在农村地区（直到1910年，大城市居民仍只占德国人口的五分之一），但城市化的趋势已经十分显著。地方政府虽然竭力规范本地的基础设施和住房建设，但大部分规范往往制定于城市化全面爆发之前，因而不足以应对如此严重的人口膨胀。与其他城市相比，柏林遇到的困难尤为严重：该城的人口密度甚至两倍于高度城市化的鲁尔区，这催生了所谓"柏林蜗居"（Berliner Mietskaserne）的现象。"蜗居"一词在英语中最贴切的对应语是"出租屋"（tenement），顾名思义，这个概念指的是住户只能租住一栋建筑的部分空间，如一套公寓、一间卧室，而不是使用整栋房屋。在德语中，"Kaserne"一词也有"兵营"的意思，使人联想到一种沉闷、单调而拥挤的生活环境。政府几乎不加约束地通过房地产规划许可，快速增长的城市人口也迫切需要工期短、成本低的新住房，居住空间的舒适性便被置之不理。就这样，一排排通风不畅、楼距狭小、卫生恶劣、千篇一律的住宅楼在柏林周边涌现出来，居住者不得不与多个家庭成员或是同事挤在阴暗潮湿的公寓里共同生活。"蜗居"也成了城市工人阶级艰难生活的代名词，其中又以柏林和汉堡的生活条件最为恶劣。一些诗人，像是9次获得诺贝尔文学奖提名的阿尔诺·霍尔茨（Arno Holz）曾为这些地方的阴暗与肮脏所吸引：

> 屋顶直插星空，
> 院中机械轰鸣，
> 这才是蜗居的真实，
> 处处是含混的呻吟！
> 地下室里老鼠做窝，
> 一楼泼着啤酒与兑水的烈酒，
> 从那里直到六楼，
> 每扇门里都藏着郊区的愁。[16]

以工业运输而非人员出行为设计目标的德国铁路系统在大城市、港口、河流与边境口岸间建立了便利的联系，却与农村人口隔绝。德国乡村的居民仍需要步行或骑马进城，活动范围因此极为有限。在没有电话、广播、电视和互联网的农民看来，报纸就是与本地之外的世界产生关联的唯一渠道。交通上的被孤立感很快在农村居民当中引发了一种被抛弃的联想，让他们陷入一种故步自封的心态，抗拒那些仍为许多城市居民津津乐道的社会进步。一种怀疑近代化、忌讳城里"聪明人"的心态开始在德国农村扩散。一列蒸汽火车从车站驶出，轻轻松松将乘客送往数百英里之外，这种令人惊叹的景象只能在那些有机会坐火车的人心中唤起热情，其他人只会越发憎恨这项科技所代表的新世界，并意识到自己的生活方式正在科技发展的进程中失去价值。

在其他社会背景与地理环境下的人群中，保守主义思想也在回潮，这一变化起因于1873年危机对中产阶级造成的特殊影响。总体上看，"中产阶级"这一宽泛概念可以包括多个人群，但无论是教师、小企业主还是拥有权势的实业家，都曾热情支持过促进了德国统一的自由主义运动。然而，1873年危机后，人们不得不开始重新评估资本主义价值观，中产阶级的信心也受到严重挑战。传统精英对暴发户阶层的鄙夷开始进入中产阶级的意识。军队与贵族精英的做派和生活方式开始流行：在1871年，一位商人仍然会在结婚时骄傲地穿上一身定制礼服，但现在，他会花钱买一个陆军名誉职位或是加入预备役部队，这样他就可以在婚礼上穿上军装了。与此类似，中产阶级在家具、发型上的审美偏好以及生活习俗方面也开始朝贵族看齐。有钱有势的人会试图购买贵族头衔或是与贵族联姻，以便在名字里加入人人梦寐以求的

"冯"。这种风气的背后既有19世纪80年代保守主义的回潮,也体现了中产阶级想要恢复往日荣光的渴望。他们对自己刚刚获得的财富与地位感到不安,这些曾在1871年宣称传统精英即将被时代淘汰的人,反而开始关注并艳羡贵族们经久不衰的世袭地位。这种思潮一旦与普鲁士的军国主义传统和对忠诚、力量等"德意志价值"的坚持结合起来,就会朝着危险的方向发展。

保守主义整体回潮也影响了社会各阶层的女性。诚然,这一时期的着装风尚比之前更随性,传统的长连衣裙也被更实用的长裙与罩衫(或衬衫)的搭配所取代,但结婚仍被认为是女性必经的人生大事,婚后她们还应当在家中照顾子女,料理家务,全心支持丈夫。在1891年之前,女性都不能进入大学就读,所以大部分中产阶级岗位都不对她们敞开,只有教师是唯一的例外:教师被认为是未婚女性可以从事的职业。工人阶级女性生活的变化则更大。前工业时代的女性往往需要参与农活,修理农具,协助收割并照顾牲畜,进入工业时代早期,很多女性仍能在家中从事织布等工作以补贴家用。但到了19世纪七八十年代,越来越多的工人阶级女性开始离家外出工作。这一变化是缓慢的,到1882年为止,德国大约只有50万女工在工厂工作,因为在当时的社会观念中,丈夫无法为家庭提供充足的食物、不能使妻子安心在家照顾孩子的情形是可耻的。大部分女工只能从事技术性较低的单调工作,工资收入也只有男性工人的60%,但在一些政治运动的争取下,新的立法活动逐渐改善了女工的劳动待遇。法律为女工设置了产假与工作时间限制,夜间工作与重体力劳动也被禁止了。

始于19世纪60年代中期的德国早期妇女运动近来受到不少关注。然而必须注意的是，这一运动在当时规模极小，其成员虽然为工厂女工发声，却大多出身于资产阶级，其运动主张往往也带有其他的政治诉求。像克拉拉·蔡特金（Clara Zetkin）这样嫁给俄国革命者的女性教师，几乎无法代表当时那些并不追求女性解放，只想抚养子女、获得栖身之所的工厂女工。但以蔡特金为首的早期女权主义者的确反映了当时的女工运动与国际社会主义运动的密切联系。诸如全德妇女协会（ADF）等女性权益组织在根源与发展方向上都属于中产阶级活动，它们主要为女性争取进入专业领域、就读大学以及法律平等的权利。这些组织都拒绝与激进的女性社会主义者合作。然而，这两种女性权益团体都不能代表当时绝大多数德国女性的立场：后者此时仍以传统眼光看待自己的社会角色，坚持着相夫教子的传统生活期许，和同时代的男性一样对女性权益团体的诉求嗤之以鼻。直到"一战"前后，这种社会潮流才会发生重大转变，开始出现要求女性权利、选举权与男女平权的大规模抗议集会。

"何为德意志"这个问题难以回答的另一个原因在于帝国境内有大量少数族群与宗教派别。正如尼尔·麦格雷戈所言，德国作为一个缺乏明确天然疆界的欧陆国家，在文化上很难被确切定义。语言文化的边界往往不与自然边疆或政治分野相吻合，因此，当1871年帝国成立时，有数以百万计的波兰人、丹麦人和法兰西人成为德国境内的少数民族，他们的分离主义诉求对新生德国的内部统一构成了切实的威胁。认识到这一点的俾斯麦迅速扩大了"国家公敌"的指控范围，提出以"消极同化"处理少数族群问题，即以强制、胁迫与诱导的方式，在一代人或更长的时间里让这些少数民族接受德意志的语言和文化。为达此目的，俾斯麦将德语设为学校、法庭和公共生活中的唯一官方语言。因为德国境内的波兰人学校时常故意违反这一政策以保护面临德俄两国威胁的波兰文化，强制执行语言政策的地方政府会频繁检查这些学校。德国政府还发布了针对东普鲁士地区的土地贷款政策，鼓励德国人搬到那里波兰人口密集的地区，以"稀释"当地的波兰语言文化成分。此外，学校、征兵制度与大学也有意安排各种少数族裔与德意志人混合的团体或组织，鼓励异文化融入德意志国家的锻炉。荷尔斯泰因的丹麦裔群体就因为规模太小，语言和文化又被认为与德意志接近，便被德国当局直接忽略了他们的分离主义诉求，当局认为这一族群终将随着时间的推移自然融入德意志民族。

相比之下，阿尔萨斯和洛林的法兰西人更难管治，地方性的抗议运动时有发生。对此，俾斯麦再次软硬兼施，允许当地在帝国议会拥有15个议席，但不在参议院（代表邦国权利的议会上院）设置代表，还任命立场偏向联邦政府的官员担任阿尔萨斯-洛林总督。此外，俾斯麦提升了斯特拉斯堡大学的地位，以鼓励居民留在当地，同时又允许那些希望移居法国的人离开（在1914年，确实有40万人从阿尔萨斯-洛林移居法国）。当局对波兰分离主义者的态度则更为轻蔑。因为帝国议会始终拒绝推行驱逐波兰人的政策，普鲁士邦政府就在1885年自行采取措施，将3.5万名波兰人驱逐到奥匈帝国和俄国。在这起事件中，俾斯麦扮演的角色一直备受争议：他公开批评了这种做法，但又没有对普鲁士邦政府做出任何处罚，甚至也没有正式谴责。这些粗暴的同化政策既鲁莽，也没有必要：无论有没有"消极同化"政策，义务兵役、公立教育和常态化的族群混杂都会推动民族同化，而粗暴的政策只能在对德国当局心怀不满的少数族群（尤其是法兰西人与波兰人）中激发更强烈的敌意。

在德意志民族认同的形成过程中，所谓"犹太人问题"一直饱受争议。1871年德国境内有51.2万名犹太人，早在德国统一以前，德意志境内就已出现了主张解放犹太人的观点。俾斯麦和威廉一世都将犹太问题视作宗教而非族群问题，并且认为犹太人只要高度融入德国社会，被理想地抹去少数族群的特殊性，就应该享有与德意志公民完全平等的法律地位，甚至可以在政府和军队中任职。因此，当局鼓励犹太人改宗基督教，共有1.5万名犹太人为获取更高的职务选择皈依。1873年金融危机爆发后，关于犹太人银行家的典型想象加剧了人们因经济形势而产生的愤慨，反犹情绪由此高涨。19世纪80年代，随着俄国与波兰地区的犹太人为逃离东欧排犹暴动入境避难，又掀起了一股反犹主义浪潮。这些新来的犹太难民不懂德语，缺乏教育和专业技能，他们大多聚居在柏林和普鲁士地区，使那里的德意志居民恐慌不已，他们担心在经济不景气的背景下，这些人口会导致当地半熟练工人的工资被压低。虽然俾斯麦经常促使帝国议会的保守派与天主教政党缓和其针对犹太人的措辞，但他自己也认为犹太问题不足以让他投入更多政治资本。1885年被驱逐出境的波兰人中也包括了4000名犹太裔，如我们所看到的那样，俾斯麦对这场驱逐置若罔闻，放任普鲁士邦政府将这些犹太人驱往充斥着各种反犹暴行的东欧国家。即便如此，到了1910年，德国境内的犹太人数量还是增长到61.5万，而俾斯麦时期遍及教育、军队以及整个文化生活领域的同化政策，意味着绝大多数犹太人都要和基督徒比邻而居。

虽不乏分歧、猜忌与文化身份的焦虑感，德国社会的凝聚力仍然在1871—1890年间逐步增强。针对成年男性公民的两年义务兵役制对年轻一代的国民产生了变革性的影响，它制造了一种超越阶层、信仰和政治观点的民族归属感，这种归属感不但会持续一生，还将延伸到他们的下一代。虽然有着阶层、年龄、性别、信仰和民族身份上的种种分歧，俾斯麦统治末期的德国社会仍被保守的多数群体主导着，他们重视秩序、经济繁荣和国家统一。不过，经济不平等、地理隔阂与文化差异依旧在德国的社会结构中埋下了缺口，国民的爱国热情必须在持续不断的冲突中填补这种缺口。

社会问题：俾斯麦与工人阶级

第二次工业革命时期，无节制发展的资本主义制造了经济增长的奇迹，提高了人们的总体生活水平，但也在财富分配的问题上引起了许多分歧。城市化、机械化进程飞速推进，连同人口的快速增长，令无产者的数量大幅增加。"无产者"（proletariat）在古罗马时代指没有土地、只靠自由出卖劳动力换取工资收入的群体，这个词在19世纪被卡尔·马克思等人再次提起。在工业革命的语境下，"无产阶级"成为使用并不归自己所有的机械、原材料等生产资料从事商品生产、只从中获得固定工资的城市工人群体的代名词。与传统社会中购买羊毛、用私有织机从事纺织、再将织物送到市场上出售的织工不同，城市纺织厂里的工人所使用的机械与羊毛原料由工厂提供，工人也不会参与制成品的市场销售活动。马克思认为，这一模式令工人的工资与生产活动的利润脱节，从而剥夺了他们对自身劳动成果所享有的权利。在早期社会主义者看来，掌握了生产资料的资本家拥有绝对主导权，可以任意设定工资水平与劳动待遇。而在一个机械化和劳动分工创造了大量非技术性工作岗位的时代，非熟练劳动力成为高度可替代，因而彼此竞争的商品，资本家的优势地位更是不可撼动。早期社会主义者们宣称，只有将工人组织、团结起来，才能与这一趋势抗衡。

在1848年自由主义者与社会主义者发动革命的背景下，马克思在《共产党宣言》开篇的话显得十分不祥："一个幽灵，共产主义的幽灵，在欧洲游荡。为了对这个幽灵进行神圣的围剿，旧欧洲的一切势力……都联合起来了……共产主义已经被欧洲的一切势力公认为一种势力。"[17] 但到1871年，共产主义的幽灵似乎并未如马克思预言的那般声势壮大。德国的工人阶级正在为祖国统一而欢呼，俾斯麦和威廉一世被许多人奉为英雄，经济前景也一片大好。工人阶级政党在北德意志邦联时期就已存在：威廉·李卜克内西（Wilhelm Liebknecht）和奥古斯特·倍倍尔（August Bebel）在1869年建立了德意志社会民主工党（SDAP），斐迪南·拉萨尔则在1863年成立了全德工人联合会（ADAV）。但在1871年3月的议会选举中，两个政党的总得票率仅为3.2%，在帝国议会只拥有两个席位。如前所述，俾斯麦密切关注着局势，并数次会见拉萨尔，以此震慑自由党人。但总的来说，俾斯麦准确地判断出当时的德国并不存在"共产主义的幽灵"，在巩固新德意志帝国的道路上，社会主义并不是最大的威胁。

与此同时，包括工人在内的许多德国人仍把社会主义者视作极端分子和叛徒。自从19世纪50年代起，就有人用"没有祖国的人"（vaterlandslose Gesellen）一词来诋毁早期社会主义者缺乏爱国心、妄图颠覆社会。在19世纪中叶翻涌着民族主义浪潮的欧洲，这些社会主义者并不效忠某一国家，而是坚持做"国际主义者"的观念具有很强的冲击力。他们曾对1870年拿破仑三世下台后诞生的法兰西新共和国表示同情，还有一些人公开反对德国占领阿尔萨斯和洛林。甚至还有德国的社会主义者公开支持1871年春天短暂但激进的巴黎公社运动。当时，这场激烈运动的参与者杀死了两名法军将领，在巴黎城内建立了短命的革命专政，这种做法甚至受到一些公社运动热忱支持者的批评。马克思曾试图论证"无产阶级专政"在捍卫革命果实、抵抗反动势力镇压时的必要性，但在许多普通的德国人看来，巴黎公社革命都是一个令人不快的政治狂热案例。在统一的德意志帝国境内，

第二章 俾斯麦的帝国：1871—1888

与这种激进革命运动站在一边的观点都无法得到广泛支持。因此，俾斯麦轻易就将社会主义者划入了"国家公敌"之列。

然而，随着劳动者的处境因19世纪70年代漫长的经济萧条而恶化，社会主义运动的影响力开始扩散。越来越多的工人意识到，自己被困在一座枯燥单调的城市迷宫里，每周7天都要工作，每天工作12小时以上，就连他们的妻子和孩子也要参加劳动来维持生计。生活境况越来越令人难以承受。因为缺乏社会保障，失业就意味着饥饿和流离失所，很多工人不得不任凭雇主摆布，在极为恶劣的条件下工作，即便身负伤病也不能休息。现在，工人组织联合起来为自己的利益而战已经成为迫切的现实需要，而不再是抽象的政治理念了，很多人因此加入了工人运动的行列。在这一潮流的推动下，德意志社会民主工党与全德工人联合会在1875年合并，随后更名为德国社会民主党（SPD），该党直到今天仍是德国政坛最大的政党之一。虽然有些工人领袖号召追随者武装起来，为阶级斗争做准备，但更多社会主义活动家只是想争取进一步的社会改革，以改善广大城市工人阶级的生活条件。

1872年，倍倍尔与李卜克内西因叛国罪出庭受审，两人都被判处两年监禁。在当时很多德国人看来，这不过是他们对祖国不忠的应得之罪，因此，政府当局顺利将社会主义运动的两名领袖押入牢狱。但俾斯麦已经意识到自1873年起，民意已经发生了变化，仅凭镇压已经不能平息工人阶级的强烈不满。1877年帝国议会选举中，社会民主党获得50万张选票，支持率升至

9.1%，在议会的席位数也增至12个。俾斯麦试图推动高压政策出台，给社会主义者的组织、出版和筹款工作制造困难，却无法得到帝国议会支持。此时的俾斯麦仍在与民族自由党合作，但无论他如何威逼利诱，后者也不愿对这些法案让步：这不仅是因为他们以言论自由为核心纲领，也是由于担心俾斯麦有朝一日会用针对社会主义者的法律来打压自由党人，为自己的政治利益服务。所有这一切都得到媒体广泛、公开的报道，而俾斯麦在静候时机，期待着舆论再次转向，帮助自己向议会施压，通过限制社会主义者的法案。

1878年春天，机会终于到来。5月11日，81岁高龄的威廉皇帝与女儿路易丝公主乘马车穿过柏林市中心的菩提树下大街，向欢呼致敬的民众招手致意。突然，一名男子冲到路中央，拔出左轮手枪指向王室父女，开了两枪后才被制伏在地。混乱中，一名试图保护皇帝的在场者身受重伤，并在几日后死去。两发子弹皆未命中，威廉和路易丝父女平安无事，但这起事件仍令他们震惊不已。德国大众也被弑君未遂的新闻震动了。经调查发现，凶手是一名水管工，名为埃米尔·马克斯·霍德尔（Emil Max Hödel），他曾在莱比锡加入社会民主党协会，后因抱有无政府主义思想而被除名。霍德尔一案的审理唤起了无数民众对威廉皇帝的同情，霍德尔最终被判有罪，在当年8月被执行死刑。俾斯麦认为，霍德尔与社会民主党的关系一定能促使帝国议会通过反社会主义法案，但他重提的法案再度被民族自由党否决，他们认为刺客独自作案的个人行为不足以成为立法限制公民基本自由的正当理由。

但俾斯麦还有别的机会。1878年6月2日,即反社会主义法案再次受挫一星期后,仍未吸取教训的威廉皇帝再次来到菩提树下大街,接受民众致敬,浑然不知街边的某处公寓里,一个名叫卡尔·诺比林(Karl Nobiling)的医生正举着一把双管霰弹枪埋伏着。当皇帝从公寓窗前经过时,诺比林对他开了枪,几颗子弹击中了老皇帝的胸膛和下半身。刺客随后用左轮手枪朝自己射击,伤重而亡。而伤势严重的威廉皇帝则被紧急送回宫中。据俾斯麦的秘书蒂德曼回忆,俾斯麦在得知皇帝遇刺受伤时丢下了手杖,高声说:"看来我们得解散帝国议会了!"在那之后,他才想到询问皇帝是否安好。[18]一贯主张现实政治路线的俾斯麦首先关心的是自己该怎样利用当下形势打倒帝国议会中的反对派。最终,皇帝挺了过来,在尖顶头盔的保护下,他的头部没有被击中。

与霍德尔相比,诺比林与社会民主党的关系更加疏远,但与上一次行刺不同,诺比林确实让皇帝受了伤——这一点足以对政局产生影响。俾斯麦宣布解散帝国议会并重新进行选举,他指责那些否决了反社会主义法案的自由党人让皇帝暴露在危险之下,间接导致了第二次暗杀事件。德国民众也的确如俾斯麦希望的那样,试图用选票捍卫自己的皇帝。最终,社会民主党在新一轮大选中的得票数减少了近20万张,民族自由党也损失了13万张选票和29个议席。为防止损失进一步扩大,新一届议会的大多数民族自由党议员选择与保守派政党一起支持反社会主义法案,使该法案在1878年10月正式通过。

所谓《反社会主义法》（Sozialistengesetze）禁止社会主义者的一切活动，包括组织工会、公开集会与出版等，共有1500名社会主义者因此被捕，还有很多活动家被迫流亡国外。不过，遍布欧洲的社会主义运动与社会改良运动不是靠立法就能阻止的。虽然德国社会民主党被判为非法组织，但其党员仍可作为独立候选人参与选举，威廉·李卜克内西和奥古斯特·倍倍尔等人因此得以继续当选帝国议会议员，自由地发表观点。在1890年各项反社会主义法律被废除后不久，社会民主党便在选举中赢得了100多万张选票，在帝国议会中占据了35个议席，并在之后不断壮大，于1912年成为德意志帝国议会的第一大党。

自知无法抵抗潮流，俾斯麦再次改变策略，试图以"王朝社会主义"政策来拉拢工人阶级。在挥出反社会主义高压法令的"大棒"之后，俾斯麦又掏出一系列进步措施的"胡萝卜"来安抚工人阶级，平息他们的愤怒。此时，即便是旧制度最坚定的支持者也一致承认所谓的"社会问题"亟待解决，俾斯麦的社会福利政策因此得以顺利推行。1883年，他出台了《工人疾病保险法》，规定患病的劳动者最多可享有13周的病假工资。1884年，《工伤事故保险法》出台，这一保险制度要求雇佣者承担所有保险费，因此极为有效地推动了雇佣者切实改善工作场所的安全与卫生条件。1889年的《伤残和老年保险法》或许最具有划时代的意义：该法规定所有年龄超过70岁或失去工作能力的投保人都能享有养老保险津贴。

俾斯麦的社会政策时常被鄙薄为可耻的收买人心之举，不过是在为他的反社会主义法律打掩护。但在评价这些政策时，我们不能脱离当时的历史背景。面对当时还不成气候的社会主义运动，俾斯麦的反应确实有些过激；但同时他也打造了一套在当时最切实、最进步的福利体系。这些做法或许只是为俾斯麦的现实政治目标服务，被用来安抚工人、贬低自由派，并争取保守派的支持。尽管如此，在当时被公认为欧洲国家中政治体制最"不进步"的德国，出于上述政治原因就能让整个帝国建立起福利国家的基础，也就不难理解为什么许多德国工人都愿意支持现存的社会与政治秩序了。

外交政策

在1877年著名的《基辛根谈话》(*Kissingen Dictation*)中，奥托·冯·俾斯麦就阐述过自己的外交方针。他生动地讲述了自己最大的恐惧，即"联盟的噩梦"(cauchemar des coalitions)。位于欧陆中央的德意志帝国从成立之初，就一直面临被周边诸国联合包围的危险，这一联盟轻则限制德国的外交行为空间，重则给德国带来毁灭。因此，俾斯麦不遗余力地强调德国的领土诉求已经"饱和"，宣称德意志问题的解决不会让欧洲的政治均势发生彻底的变革。不过，俾斯麦也清醒地认识到，法国的敌意不可能被轻易消解。阿尔萨斯和洛林的易手令两国的"世仇"无法调解，法德矛盾在可预见的未来必将持续。所以，俾斯麦将视线转向东方，以孤立法国，减轻威胁。早在1863年，他就说过："政治的诀窍是什么？那就是和俄国签一份有利的条约。"

随着法国的政治和经济局势在1870年战败后陷入混乱，俾斯麦终于迎来时机。在拿破仑三世下台后诞生的法兰西新共和国很难与坚持捍卫旧制度的俄奥两国结盟，敏锐的俾斯麦则抓住1870年和1815年法国两次战败之间的相似之处，向俄奥两国重提当初与普鲁士结为"神圣同盟"共抗拿破仑的故事。于是，在1873年"三帝会议"（Dreikaiserbund）中，德俄奥三国皇帝重演了当初的合作场面。这场峰会虽然以讨论对东欧和巴尔干半岛的控制为主要内容，却也明显孤立了法国，令其感受到威胁并在1873年最后一批德军离境后开始了大规模的重整军备计划。1875年，狡猾的俾斯麦炮制了所谓"一触即发"的德法战争危机，目的是在法国形成军事威胁之前加以遏制。当时，立场亲政府的德国报纸《柏林邮报》（Berliner Post）发布了一系列（几乎可以确定是由俾斯麦主笔的）文章，暗示德国将会先发制人，对法国展开军事打击。与此同时，俾斯麦禁止马匹等军事相关物资的对法出口，营造出战争一触即发的气氛。然而，法国最终从英俄两国得到了公开保证，两国宣称不会容忍德国再次侵入法国。正如俾斯麦在《基辛根谈话》中所言，这起事件充分证明了德国已没有进一步扩张的外交空间，"联盟的噩梦"将迫使德国两线作战，面临毁灭的危机。在这样的风险面前，任何领土扩张对德国而言都是不值得的。可惜，威廉二世最终也没有读懂俾斯麦

第二章　俾斯麦的帝国：1871—1888

的话。

在俾斯麦余下的政治生涯里,他致力于建立一套复杂的联盟与外交保证网络,为德国塑造一种"诚实调停者"的角色。1877年至1878年,俄奥两国因争夺在战略要地巴尔干半岛的霸权发生外交危机,俾斯麦邀请欧洲各国召开柏林会议,最终避免了战争爆发。柏林因此登上欧洲大国政治的中心舞台,德国也如俾斯麦期望的那样,开始扮演"诚实的调停者"。

虽然俾斯麦无比重视与俄国的关系,但时间一长,两国难免会发生冲突。1879年德国的粮食进口关税重挫了俄国的粮食出口贸易,加上前一年德国曾以疫病暴发为由禁止俄国肉制品输入,俄方的经济损失雪上加霜。[19]此时,因为一些俄方人士曾期待德国会出让部分波罗的海沿岸领土以换取俄国在德意志统一期间保持中立,这一愿望的落空已经使两国之间有了不小的嫌隙。在1879年1月给德皇威廉一世的信中,沙皇亚历山大二世的愤怒彻底爆发,他的严厉口吻使这封信也被称为"掌掴信"。沙皇在信中点名指责俾斯麦破坏两国关系,威廉只得邀请这位外甥面晤,以缓和邦交。与此同时,俾斯麦紧锣密鼓地与奥匈帝国缔结了一份共同防御协定,达成所谓的"双头同盟",协议从1879年10月开始生效。当1882年意大利加入协定,形成三国同盟时,俄国也无力阻拦。但是拜俾斯麦的外交手腕所赐,俄国于1881年回到会议桌前,重建了三帝同盟,并在1884年同意延长这一合作关系。随着俄奥关系因巴尔干问题彻底破裂,俾斯麦又精明地安排了一系列双边协定,其中最重要的是1887年与俄国签订的《再保险条约》。这份文件被高度保密，以免令法国和奥匈帝国不满，其中约定德俄两国中任何一方被第三国攻击，另一方都将保持中立。在法国陆军部长乔治·布朗热（Georges Boulanger）扬言对德国发起复仇战争时，德国正需要用这样的协定来避免"联盟的噩梦"成为现实。

1888年威廉一世驾崩时，德意志帝国已经深深嵌入欧洲秩序，被包裹在俾斯麦编织的复杂又脆弱的外交关系网络之中。只有这位铁血宰相能分辨清楚这些精心策划的外交关系中，哪些是秘密交易，哪些是公开盟友关系；也只有他能充分了解各国外交及相关部门的人员信息，并据此在外交事务上纵横捭阖。唯一的问题是，新皇帝是否愿意让他继续操盘？

第三章

三帝一相：
1888—1890

"我见过三个皇帝赤裸的模样，那场面可不敢恭维……"

——奥托·冯·俾斯麦

1888：三帝之年

威廉一世的长寿出乎很多人的意料。1871年德意志帝国诞生时已近74岁的他在这之后又见证了帝国漫长而坎坷的发展之路；而他本人也成为颇富神话色彩的国家象征，尽管这一形象恐怕不是他所乐见的。宫廷内部人士普遍以为，威廉一世在带领帝国度过成立之初的几年后，就会将皇位交给皇储弗里德里希三世。不过，弗里德里希登基的前景既让一些政治派系感到欢欣，也让另一些势力感到畏惧：这位皇太子一向不惮于公开批评他父亲和俾斯麦的保守主义立场，他倾向自由主义路线，希望改革帝国议会，与英国而非俄国交好。而他的妻子维多利亚来自英国，是维多利亚女王的长女，在德意志宫廷中也树敌不少。这位聪明、机智、直言不讳的太子妃举止高调，常常直接干预丈夫的公私事务，这让很多保守派人士认为她过于强势、不知分寸。由于维多利亚的性格比皇储本人强硬得多，一些宣称她挑唆弗里德里希皇储与威廉皇帝为敌的传言不胫而走。随着威廉日益老去，自由派和保守派都开始为即将到来的新时期做准备：自由派期待着梦寐以求的变革得到落实，以俾斯麦为代表的保守派则担心己方势力遭到洗牌。

但随着威廉在皇位上坚持了一年又一年，政局开始呈现出奇怪的态势。现在，弗里德里希皇储的儿子也开始表达政治立场了。在老皇帝依旧在位，在俾斯麦辅佐下主持政务的19世纪80年代，20多岁的威廉二世开始利用现有局面，在政治上挑战自己父母的地位。如果弗里德里希和维多利亚已经加冕成为皇帝和皇后，这样的情况显然是不可能发生的。但随着年轻的皇孙不断表达出对父母一辈自由主义思想的鄙夷，并向祖父的保守路线靠拢，廷臣们越来越难以把握风向，不知该靠近哪一边才能更好地保障自己的长远利益——毕竟，霍亨索伦家皇太子与皇孙的诉求已不能两全。1887年11月12日，政府正式宣告弗里德里希皇储罹患喉癌，无法治愈。这一消息显然意味着皇储时日无多，令满心希望弗里德里希开启自由主义新时代的人们备受打击，也让宫廷群臣彻底倒向年轻的皇孙威廉一边。

俾斯麦也开始为辅佐年轻的皇孙威廉做准备，这给他带来了新的紧迫感。通过儿子赫伯特的关系，俾斯麦长期以来与未来的皇帝结下了近乎父子般的情谊，还向威廉传授了他在外交、宫廷

安东·冯·维尔纳为庆祝俾斯麦 70 岁生日绘制的第 3 版《德意志帝国于凡尔赛宫宣告成立》，1885 年完工

奥托·冯·俾斯麦，摄于 1875 年前后

典型的柏林"蜗居"内景(来源:柏林德国历史博物馆)

青年威廉与奥托·冯·俾斯麦

约翰·滕尼尔爵士（Sir John Tenniel）在 1890 年 3 月于英国《笨拙》（*Punch*）杂志上发表的著名漫画

柏林街景，摄于 1900 年前后

威廉二世肖像，黑登（Heyden）绘制于 1900 年前后

1914年7月25日乘"霍亨索伦号"出海度假的威廉二世

日耳曼尼亚女神，弗里德里希·奥古斯特·冯·考尔巴赫绘于 1914 年 8 月

凯绥·珂勒惠支在儿子去世后于1915年绘制的第一幅作品，描绘了一位牢牢守护着怀中婴儿的母亲

油画《战争中的残疾人》，奥托·迪克斯绘于1920年。本作最初展出于1920年柏林举办的第一届国际达达艺术展

密谋和处理政局方面的心得。但此时俾斯麦的毕生事业也岌岌可危：德国与俄国的战争已然迫在眉睫，德国国内呼吁帝国扩张的声音也不断扩大，对俾斯麦的"饱和论"造成压力；在另一方面，社会主义运动较此前更加壮大，工人罢工也对德国社会结构的运转造成严重威胁。祖父年近九十，父亲又罹患绝症，年轻的皇孙必须小心准备，迎接登基的那一天。但俾斯麦也从不讳言自己对威廉的看法，他认为威廉是个"管不住嘴的冲动小子，容易听信谄媚之语，在不知不觉中把德国拖入战争"。如果没有人约束他那张冒失的嘴，或是阻止他在外交上犯下大错，他就有可能令德国迎来万劫不复的灾难。

1888年3月9日，德意志帝国皇帝威廉一世驾崩，享年90岁。弗里德里希皇储继位，成为弗里德里希三世，但他在位仅99天就因喉癌去世，没能真正改变人事安排与管理方针。如果维多利亚希望她短暂的皇后生涯以及她作为新皇帝母亲的地位能让她在德国政治中获得影响力，那她显然是打错了算盘。威廉二世从出生时起和母亲的关系就十分复杂，而在1888年之前的几年里，母子间的隔阂进一步加深，以至于威廉试图公开与母亲断绝关系。弗里德里希第一次确诊喉癌时，维多利亚认为丈夫不需要接受手术治疗，而是选择了相信她的英国医生，这位医生保证说弗里德里希只需休息静养就能恢复。但在弗里德里希去世后，威廉下令对父亲的遗体进行解剖，病理学家在遗体的喉部发现了大量癌变组织，表明病情已经恶化。显然，维多利亚选择非手术治疗方案是错的。由于德国长期以来流行的恶意谣言都将维多利亚描述为弗里德里希所有不当行为的幕后主导者，解剖检查的结果很快又加剧了这些传言。1888年6月15日，在29岁的威廉加冕为德意志帝国皇帝的仪式上，维多利亚并未陪同出席。

1888—1890：两个舵手

即位之初，威廉二世真挚地相信俾斯麦不可或缺（俾斯麦本人也如此认为），尽管这没有持续太久。"执政初期，我必须依靠宰相的辅佐，但在合适的时候，我希望……能减少与俾斯麦侯爵的合作，亲自理政。"[1] 不过，威廉二世显然不像他祖父那样，对这位容克贵族出身的铁血宰相抱有情感和政治上的高度依赖。威廉二世的祖父当初只是勉强接受了德意志的统一，将其视为扩张普鲁士权力的手段，而威廉二世本人则想成为全体德意志人的新皇帝。他想象自己是传奇帝王弗里德里希·巴巴罗萨的转世，前来带领德意志民族走向复兴，但他的想象图景中并没有给宰相、内阁与政治现实留下任何空间。威廉二世对自己的个人魅力过于自信，认定自己仅仅凭借人格力量就能受到人们的爱戴与尊重，甚至（在必要时）也能使人们感到恐惧。但他并不理解俾斯麦在内政外交上维系德意志帝国统一、强盛的复杂谋划。雪上加霜的是，帝国宪法完全是基于俾斯麦和老皇帝威廉一世的个人关系设计的。皇帝与宰相互相依赖的关系意味着两人中只有一人是主导者，而另一人必须服从安排。如果两个倔强的普鲁士人都想要掌控德国这艘大船的航向，这可不是个好兆头。

很快，年轻的君主与宰相之间就出现了重大分歧。鉴于工厂中、街头上的社会主义运动声势不断壮大，俾斯麦计划加强反社会主义政策的力度，并使其永久有效，在事实上彻底禁绝社会主义者的活动。这一举措势必激起大规模罢工抗议，让威廉二世更加依赖俾斯麦这样富有政治经验的老手来解决难题。1889年10月，俾斯麦将《反社会主义法》修正案提交帝国议会审议，而威廉二世担心这会对自己的统治不利。他深知这些修正案即便在议会公开辩论，也会引发激烈的抗议示威与罢工，甚至迫使自己动用军队镇压，于是他要求俾斯麦在法案中保持缓和的措辞。在1890年2月4日的敕令中，威廉二世向俾斯麦宣告自己"决心亲自出面，为德国工人改善境遇"。[2] 这位新皇帝希望得到臣民的爱戴，用暴力镇压工人只会适得其反。然而，俾斯麦在此前数十年里习惯了与言听计从的霍亨索伦王室打交道，他认为新皇帝最终也会向自己屈服。俾斯麦没有退让半步，但威廉的介入给了帝国议会抵抗俾斯麦的良机。在经历俾斯麦多年的统治后，即便是中央党政治家彼得·赖兴施佩格尔（Peter Reichensperger）这样的前盟友也意识到这位容克贵族宰相的政治生命已走到尽头，于是他们任由议会拒绝了俾斯麦的《反社会主义法》修正案。德意志帝国分裂的国家机器顶端，不可能同时容纳两名政治强人。

1890：踢走领航员

1890年3月18日，俾斯麦递交了辞呈。在这之前，他已经犹豫了数月之久。2月20日的选举产生了一届对俾斯麦极为不利的帝国议会。社会民主党在选举中赢得了24个新议席，其19.7%的得票率位列榜首，同样具备改革思想的中央党则以106个议席保持着在议会中的主导地位。为了保住自己的权力，俾斯麦试图采取过激手段：直到3月2日，他还曾对贵族集团提及彻底废除帝国宪法，由贵族集体决策取代帝国议会的可能性。在这一图谋失败后，俾斯麦又于3月12日试图接触中央党党首路德维希·温特霍斯特（Ludwig Windthorst），想要重建保守派联盟。但温特霍斯特意识到俾斯麦气数已尽，实权已在威廉二世手中，于是拒绝了俾斯麦的提议。除此之外，温特霍斯特也清楚地意识到，很多罢工者也是天主教徒，中央党若要维持强势的民意基础，就必须为这些人的改革诉求发声。他无意也无力在一位日薄西山的老人身上浪费资源。这使得俾斯麦面临前后夹击：帝国议会对他抱有强烈敌意，渴望掌权的新皇帝也一直伺机想要罢免他。

1890年3月15日早晨，最后一根稻草终于落下。俾斯麦醒来时，突然得知威廉二世在一小时后要去外交部与自己面谈。外交部设在威廉大街76号一座风格典雅的别墅中，紧邻威廉大街77号的帝国宰相府。就它的用途而言，这栋两层楼的建筑过于狭窄，面积也太小，但它的地理位置却能满足俾斯麦同时把持帝国内外事务的需要。当这位老容克贵族前来向皇帝报告时，威廉二世在他集结起来的军政核心顾问面前，任性地宣布要撤回对这位宰相的所有支持。这个尴尬的场景令所有人都清楚看到，俾斯麦的时代已经结束。显而易见，俾斯麦已经彻底失去皇帝的信任，只得辞职。

在外交部会面之后，俾斯麦用了两天才写好辞呈，这表明俾斯麦辞职一事关系重大，也表明他十分看重自己身前身后的声名。这份辞呈文笔极佳，即便在俾斯麦的生涯中也堪称杰作。这封优雅的书信将俾斯麦下台的责任全部推给威廉二世：

> 我为王朝，为陛下效力多年，牵挂不已，曾以为这样的关系能永远持续下去，如今却不得不强忍莫大的痛苦，请求辞去一直以来对陛下的辅弼之职，退出帝国与普鲁士王国政坛……我本以为陛下有意任用我这样有经验的旧臣，才迁延至今，否则定当更早提交辞呈，但如今陛下既然无意如此，我便能安心下野，不必担心因时机不当而受到世人非议。

奥托·冯·俾斯麦的下野标志着威廉二世亲政的新时期开始了。至此，德国踢走了一位经验丰富的领航员，让年仅 31 岁的皇帝成为整个国家的新舵手。德国、欧洲，乃至整个世界，都目睹了一个旧时代的结束与一个新时代的开始。

第四章

威廉二世的帝国：
1890—1914

"皇帝就像一只气球：绳子稍有松动，他就会被风吹得四处乱飘。"

——奥托·冯·俾斯麦

君主亲政还是"影子皇帝"?

1891年,威廉二世在慕尼黑市的黄金留言簿上写下了这样一句话:"君主意志是最高的法律。"(Suprema lex regis voluntas.)[1]这句话体现了他一贯的自负风格,也绝妙地概括了这位年轻君主的治国理念。德国不再由俾斯麦这样傲慢专横的旧式官僚统治,而将迎来一个辉煌的帝国时代:全体国民将在皇帝的感召下团结一心,克服彼此间的隔阂。这种"团结与和解政策"成为威廉二世早期统治的标志。不过,这种政策所倚赖的原则不乏危险性。首先,这种价值观预设了一些阻碍德国崛起的敌人,比如社会主义者、民主主义者,以及与德国竞争的其他国家。年轻的威廉二世在他的宫殿和城堡中营造出华丽的帝王气派,故意与威廉大街宰相府内部朴素的装饰风格形成鲜明对比。他试图创造的君权形象在很多人看来已经过时，甚至是不合时宜的。这种形象到了19、20世纪之交，就会开始逐渐瓦解了。

常有人把1890年到1914年这段时间称作"威廉时代"（Wilhelmine），这一说法并非毫无道理。正如俾斯麦主导了1871年至1890年间德意志帝国的第一阶段那样，威廉二世在第一次世界大战爆发、自己被军方边缘化之前的这段时间里，也留下了自己的印记。颇为讽刺的是，俾斯麦曾自诩保护了德国的强势君主制，使其没有走上英国、意大利与荷兰王室权力被削弱的老路，在这些国家，国王与女王们在宪法的束缚下沦为"自动签名机"。[2] 不过，在为帝国起草宪法时，俾斯麦还是为自己担任的帝国宰相一职赋予了政治主导权。威廉二世的想法与此不同，他不想被宰相、议会和政府大臣掣肘。正如汉斯-乌尔里希·韦勒（Hans-Ulrich Wehler）所说，威廉二世"希望自己既当皇帝，又当宰相"。[3] 威廉后来终于意识到这种想法已严重落后于19世纪末、20世纪初的现实，但为时已晚。因为威廉蔑视帝国宪法和议会，一些强大的游说集团、私人顾问和政治利益团体趁机攫取了不受法律框架约束的非正式权力。威廉二世既没有强大的人格力量，也没有足够的政治嗅觉在19世纪末欧洲混乱动荡的时局中获得立足之地。

下野后，俾斯麦在与他立场相近的报纸上不断发表辛辣的政治评论文章，任凭缺乏经验的威廉二世独自领导强大而复杂的德意志帝国，直面国内外剧烈变动的局势。社会主义与民主化的潮流在德国国内汹涌澎湃，而在外交领域，随着德俄关系迅速恶化，帝国面临的外部压力也日益严重。不管威廉二世情愿与否，他都得向他人寻求帮助。威廉无视了俾斯麦设计的宪制结构，选择依靠聚集在他周围的一小群亲信顾问，即所谓的"廷臣党"（camarilla）。威廉二世的性格中混杂着狂妄自大与明显的不安全感，这让阿谀奉承之辈与狡猾的操纵者能够轻易接近皇帝，并对他的决策施加影响。威廉的密友菲利普·楚·奥伊伦堡（Philipp zu Eulenburg）就是其中一例。这位伯爵比威廉年长12岁，凭借出众的外表与优雅的举止给年轻的皇帝留下了深刻印象，他自己也对威廉抱有好感。醉心神秘与浪漫主义的奥伊伦堡热衷于创作乐曲与诗歌，他将其中一些献给威廉二世，这极大满足了皇帝膨胀的自尊心。两人都试图践行一种理想化的君权模式：他们在私下里关系亲密，奥伊伦堡甚至可以用非尊称的"你"（du）来平等地称呼皇帝。在威廉的宠信下，奥伊伦堡得以担任普鲁士王国大使并游历多国，甚至培植起自己的政治派系，任命亲友担任政府要职，像是他的堂兄弟奥古斯特和博托就分别担任了最高法院院长与内政大臣，后来成为帝国宰相的伯恩哈德·冯·比洛（Bernhard von bülow）以及毛奇伯爵也加入了这个私人顾问集团。这个封闭的小团体在皇帝身边发挥了巨大的影响力，共和主义者与自由派则指责这些人助长了"难以协调的威权体制"。[4]

虽然有种种缺点，威廉二世仍在国民心中激起了种种遐想。与俾斯麦时期停滞与沉闷的气氛相比，德意志皇帝那精力旺盛、充满自信的姿态似乎宣告了新的开端。这位充满激情的年轻皇帝似乎代表了19世纪90年代德国经济与社会所经历的剧烈变化，这使他受到许多人欢迎。从蒸汽机到船舶制造，威廉对各种现代科技有着孩童般的浓厚兴趣，他相信让德国在科技革新中取得领先地位既能振奋人心，也能增强民族凝聚力。他鼓励了许多科研项目的发展，赞助创建了包括德国威廉皇家学会（始建于1911年，即今天的马克斯·普朗克学会）在内的多家科研机构。威廉还在1907年创立了以他的名义举办的"皇帝杯大奖赛"（Kaiserpreis），这是世界赛车史上最早的赛事之一，也是今天德国大奖赛（German Grand Prix）的前身。威廉二世常常参观德国各地的工厂、港口与大学，他对现代新鲜事物的爱好在德国广为人知。事实上，威廉在位期间几乎总是四处游历，他平均每年待在柏林的时间不足100天，因此获得了"旅行皇帝"（Reisekaiser）的绰号。他有意营造的这种形象，无疑与大多数时候待在普鲁士故土深居简出、鲜少露面的老皇帝威廉一世形成鲜明对比：威廉一世是老迈而低调的普鲁士君主，威廉二世则是年轻而果敢的德意志皇帝。

有趣的是，近来史学界关于威廉二世性格的讨论由英国历史学家约翰·罗尔（John Röhl）和澳大利亚学者克里斯托弗·克拉克（Christopher Clark）主导，却很少有德国学者直接参与探讨。罗尔一针见血地指出，德国人几乎是"割裂性"地将威廉二世的性格因素从本国的历史叙事中摒弃出去。他认为，"二战"结束以来德国的历史叙事对这位末代皇帝做了"去个人化"处理，[5]而英国人却对这位皇帝的外祖母——维多利亚女王——有着近乎永无止境的痴迷。因此，我们必须谨慎考察关于威廉二世生平事迹和性格的种种论断。如果认定威廉二世的所有失误都是精神病态与疯狂的表现，其精神问题不可避免地导致了第一次世界大战的爆发及其后种种冲突，那就大错特错了。但在另一方面，威廉二世无疑也深深受到了他早年经历的影响。在他成长的时代，德国的军国主义、民族主义思潮以及焦虑不安的氛围，都曾在年轻的威廉心中留下深刻印记。

已经有许多学者关注威廉二世的身体缺陷对其政治观点的影响。威廉二世降生于一场艰难的分娩。为了避免进行剖宫产，医生把新生儿威廉从维多利亚太子妃的子宫里拽了出来，在这个过程中，婴儿肩部的神经受到损伤，这意味着年轻的王子从此无法活动左臂，而这项肢体缺陷将伴随他终生。威廉二世自诩为德意志民族的象征，他的肢体缺陷自然成了他形象上的严重污点。为了妥善隐藏左臂，威廉学会了只用右臂进食、骑马乃至开枪射击，但肢体残疾的阴影一直在他心中挥之不去。我们很难评估这种心理因素在多大程度上影响了威廉的政治决策。将威廉野心勃勃的海军造舰计划及其失败的外交政策全然归咎于所谓的童年创伤显然是站不住脚的，但左臂的缺陷确实有可能助长了他根深蒂固的不安全感，这种不安就体现在他对一切尚武、阳刚与浮夸事物的偏好上。

相比之下，威廉对英国爱恨交织的感情在他的行为中留下了更明显的痕迹。与英国王室关系密切的威廉早年常常沉醉于英国的殖民成就、海上霸权与贵族文化。在外祖母维多利亚女王最喜爱的别墅——位于怀特岛的奥斯本府，威廉可以俯瞰整个索伦特海峡，眺望英国皇家海军舰队出入朴次茅斯与南安普敦的壮丽景象。在英国航海传统的熏陶下，威廉自己也热心于航海活动，他亲自驾船参赛，还在1904年亲自主持了"皇帝杯"竞赛。小时候的威廉曾私下对自己的舅舅、英国威尔士亲王爱德华说过，"希望有朝一日能拥有一支自己的舰队"。1889年，由于德国海军在维多利亚女王的海军舰队检阅仪式上表现拙劣，威廉决心建设一支令全世界艳羡的海军。与此同时，威廉也热爱英国贵族的生活方式，时常在着装上向他们看齐。迟至"一战"期间，他在波茨坦兴建的塞琪琳霍夫宫仍采用了都铎时代英格兰乡村别墅的风格。这种既热爱英国，又试图挑战英国的心态意味着威廉既把这个北海彼岸的邻国视为效仿的模范，又把它当作必须超越的竞争对手，这似乎是他孩童般幼稚世界观的又一例证，而这种世界观最终会被德意志宫廷内部的扩张主义者与好战分子利用，招致更大的危险。

很多人倾向于认为威廉二世在1890年至1914年间扮演着"影子皇帝"的角色，他那孩子气的性格使其容易受到他人摆布。虽然"一战"的胜利者在1918年将威廉二世视为整场战争的最大责任人（协约国以威廉退位作为接受议和的必要前提），后世的研究者却不这么认为。"二战"结束后，人们开始重新评价威廉的决策能力。一些历史学家热衷于在两场世界大战之间寻找实质性的关联，便在叙事中把普鲁士王国那种军国主义色彩浓厚的宫廷文化视为重要线索——毕竟希特勒政权的滔天罪行也不能直接归咎于威廉二世。在这一观念的作用下，威廉二世的形象逐渐在德国人的集体记忆中跌落下去。他成了一个性情古怪、受人操纵的牵线木偶，不过是被实质掌权者玩弄的道具。然而，这种叙事过于简单，也大大低估了威廉二世的历史地位。在1890年即位时，威廉二世对德国显然抱有某种愿景。他想要以强有力的皇室统治为核心，建立统一的民族国家，让帝国的科技水平和海陆军力量领先世界。为达此目的，他不顾俾斯麦关于外交局势凶险的警告，也不惧工人在街头、工厂发出的呼声。如果说威廉二世有意通过大规模扩充军备和帝国主义政策来挑起欧洲大战，这种看法显然是错误的。但既然决定走上这条道路，他必然有意识地接受了大战爆发的可能。

经济大国德意志

在高耸的灰色石筑外墙之间，一条宽阔的林荫大道一直延伸到地平线的尽头，大道上，一列有轨电车隆隆驶过。在道路下方的隧道里，地铁正朝着波茨坦广场飞驰而去。坐在由私人司机驾驶的奔驰车中，年轻的瓦尔特·拉特瑙（Walther Rathenau）望向柏林老城——"那宫殿和该死的礼拜堂，还有丑陋的新岗哨（Neue Wache）和柏林博物馆（Altes Museum）"。[6]在所有德国城市中，柏林最能体现那段时期的迅速变革。短短几年前，爱迪生的电灯还只是遥不可及的技术奇迹："在绍塞街的家里，小瓦尔特曾反复开关电灯,为这个神奇的发明所倾倒,直到父亲将他一把推开,打翻在地,告诉他这不是玩具。"[7] 但在1899年,拉特瑙就加入了德国最大的电气公司AEG的董事会。仅仅4年前,这家公司修建了柏林的第一条地铁线路,它将在未来成为行业巨头,与其竞争对手西门子一起主宰电气市场。皇帝对这些新鲜事物十分着迷,他不仅邀请拉特瑙和其他相关人士来皇宫中讨论现代科技的种种奇迹,还赞助了进一步的科技研究。此时的柏林和整个德国一样,都处在转型时期:马车与有轨电车并驾齐驱,新浪漫主义风格的旧式建筑不远处就是闪亮崭新的百货大楼,像是著名的"卡迪威"(KaDeWe,全称为Kaufhaus des Westens,意为"西方百货公司"),而这一切与单调沉闷的工人区及其一排排灰色的公寓楼形成了鲜明对比。到1905年,柏林人口已增至200万,这座城市以令人目眩的速度完成了从"普鲁士驻防小镇到大都会"的转变。[8] 如此快速的发展催生了科学实验与技术研究的狂热氛围。经历了19世纪70年代至80年代的萌芽期,内燃机、电力和医药技术都发展起来,并纷纷突破实用性难关,得到了广泛应用。马克斯·普朗克等顶尖物理学家在柏林从事研究,并加入了德国威廉皇家学会,这又吸引了更多具有世界级水平的科学家来到柏林,其中最著名的就是出生在当时符腾堡王国乌尔姆市的阿尔伯特·爱因斯坦。正如汉斯-乌尔里希·韦勒在其对德意志帝国经济的细致研究中所揭示的那样,在顶尖研究能力与丰沛资金的支持下,德国的新兴产业"从1895年3月起将整个德国经济拉入了旋风般的繁荣时期"。[9]

从第一次世界大战直到20世纪50年代，德国人民不断经历着经济与政治上的苦难，几无喘息之机，这或许导致了人们对（"一战"以前）德意志帝国经济繁荣程度的看法过于正面。[10] 不过，尽管存在着地理空间、时间和产业结构上分布不均的问题，德国经济总体上还是经历了一段强劲的增长时期，当时的人也能感受到这一点。在俾斯麦时期高速增长的基础之上，德国的工业产值节节高升，仅在1895年至1890年的增长幅度就达到了惊人的三分之一。由于企业将大量利润用于生产以及研发项目的再投资，德国经济的总附加值到1913年已增长75%。因为国内市场不足以消化如此庞大的产出，德国开始开拓海外市场，出口总额从1880年的29亿马克激增至1913年的101亿马克。到"一战"爆发前夕，汉堡港已成为全球吞吐货物总额排行第三的大港，仅次于安特卫普和纽约。德国造船业也经历了大规模扩张，占据了全球产能的十分之一，这一成就与威廉二世本人对航海事业的热爱不无关系。德意志帝国此时已成为经济强国，足以与世界上最大的经济体相匹敌。这让德国人民及其皇帝获得了巨大的民族自信心，相较之下，俾斯麦关于审慎外交的警告似乎已经不合时宜。

然而，经济上的飞速发展只是帝国图景中的一部分。虽然一些特定的新兴产业实现了飞跃式发展，但德国经济的其他许多部门被甩在后面，陷入了经济萧条与繁荣的反复循环中，并且受到1901年与1907年德国两次经济衰退的严重打击。这一状况引发了德国部分民众持续不断的反资本家情绪和对经济的不安心理。马克思在多年前曾预言，工业国家对利润的无休止追求将带来结构性经济困境，而在19世纪与20世纪之交的德国，很多人相信他的论断是正确的。德国人口从1871年的4100万激增至1910年的6500万，而随着工业生产的机械化进程，庞大的非技术劳动者阶层开始形成。结果就是劳动力沦为被动的商品，任凭企业主摆布驱使。生产能力一旦突破饱和限度，大规模失业将不可避免，居住在城市里的大量工薪劳动者也将遭受最严重的冲击。这种危机最早爆发于1907年，当年的经济衰退导致31.9万人失业。1913年，一场更为严重的危机袭来，由此产生的失业人口超过1907年，达到34.8万人。与此同时，工资的增长速度也没能跟上整体经济增长的步伐。1890年至1914年，与德国水平相当的西方世界其他经济体工资平均增幅接近4%，而德国在这一时期的增幅只有1%。那么，经济高速增长带来的财富到哪里去了呢？其中一个去处是金融服务业这个所谓的"隐形产业"——通过这一渠道，大量利润落入新兴的精英投资人群体手中。在国际上，德国是全球第三大债权国；而在国内，德国银行业也控制了大部分现金流，将资金的支配权集中到大企业联合体，而非分散到中小企业手中。上述情形导致了德国人对银行家和金融精英的长期怀疑，这种心理又与历史上持续不断的反犹主义暗流交织在一起。像瓦尔特·拉特瑙这样富有的犹太人实业家兼投资人会迅速公开接受德国传统，皈依基督教，效仿德国旧贵族的举止做派。尽管如此，他们仍然无法让那些反对新式自由经济的人放下心中的猜疑与敌意。

近乎不受监管的市场在德国造成了另一个副作用，即所谓"公司资本主义"的崛起。对此,韦勒在他的著作中有详尽考察。[11]在工薪劳动者看来,亚当·斯密等资本主义理论家提出的"看不见的手"似乎没有发挥市场应有的调节机能,随着经济发展,企业走向联合与垄断化,工人们发现自己的收入水平与生活条件不断受到挤压。同一行业的工厂、企业通过合并或订立协议,可以控制产品价格与雇员工资,以保障盈利空间,弱化企业间对劳动力的竞争,这意味着劳动者在谈判时很难说服雇主,迫使其缩短工时,改善工资待遇与工作条件。工人们对内部联合的诉求逐渐增长,工会规模因此逐渐扩大,到1913年,工会成员总人数已达到惊人的300万。社会民主党在1912年成为帝国议会第一大党,在"一战"爆发前夕更成了政府不可小觑的反对力量。

农业是另一个充满悲观气氛的德国经济部门。1871年,三分之二的德国人仍居住在规模不超过2 000人的农村社区里,到了1910年,这一比例降至40%,农村人口已经成了德国社会中被忽视的少数派。新型肥料、农业机械化和农艺革新在极大提高产量的同时,也严重压低了农产品价格。到1890年,农产品价格已下跌20%,令普通农民的收入变得更低,而德国其他行业的从业者收入都有所提升。这个问题在一定程度上受到结构性因素影响,时至今日仍未消解:食品的大规模生产必然导致价格下行,严重削减产业盈利能力,使农业经营难以为继。但在德国还有另外一个问题,那就是以普鲁士容克贵族为代表的精英地主阶层抗拒社会文化的变迁。他们将土地所有权和贵族生活方式视为自己必须要捍卫的传统,竭力抵制暴发户阶层的"物欲文化",拒绝采纳现代化的高效管理方式、技术创新和投资策略，令农业生产陷入封建传统和大规模生产的夹缝中，大批农村劳动者受到严重压榨，被迫逃往城市。此外，威廉时期的德国政府也没能有效地改善城乡交通，令乡村孤立于繁荣发展的城市之外。农村与外界隔绝，得不到足够重视并日益陷入贫困，人们的怨愤也与日俱增，社会文化的分歧不断加剧。在1913年已拥有33万成员的德国农业联盟（German Agrarian League）等组织完全只代表土地贵族阶层的利益，农场劳动者与小农阶层则只能默默忍受盘剥，暗自怨恨。

在年轻气盛的皇帝领导下，德国的自信心日益增长，开始跨过俾斯麦设置的外交政策界限以寻找新的经济机会。新旧精英阶层都抱有经济扩张的动机：容克地主需要开拓海外市场，消化过剩的农业产能；工业资本家则担心德国产业经济的扩张会超出原材料供应的限度。两个群体以殖民地遍布全球的英法帝国为目标，主张德国只有建立起属于自己的经济帝国，才能与这两个大国展开长期竞争。他们组建了泛德意志联盟（Pan-German League）等强大的利益团体，以社会达尔文主义为纲领，认为德国必须在欧洲为自己争取应有的位置，并将帝国扩张视为决定民族存亡的关键。虽然在德国的利益集团中规模并非最大，泛德意志联盟却拥有不少分量颇重的成员，"经济实力雄厚，媒体影响广泛"，可以有效左右舆论。泛德意志联盟还与德意志殖民协会（German Colonial Society，该协会到1914年已有4.2万名成员）密切合作，后者的一些成员还曾在泛德意志联盟的赞助下入选帝国议会。这两个团体不但完美迎合了威廉二世挑战英国的想法，还可以用更多经济论据来增强自己的说服力。

就这样，从1890年到1914年，强劲的经济增长极大振奋了德国国民的信心，推动了呼吁扩张的声浪。俾斯麦曾主张韬光养晦，强调德国在金融或其他领域的野心必须局限在欧洲中部地区，但威廉二世却打破克制姿态，发出向全球扩张的民族主义呼吁。然而，这种姿态从一开始就带有丑陋的社会达尔文主义色彩，令其他欧洲国家感到不安。随着呼吁德国为确立自身地位而斗争、在国际上争取应有位置的声浪扩大，维持国际均势的呼声骤然黯淡失色。到1914年，德国的煤钢产量、工业总产值和人口规模都已超过英法两国，具备了发动战争的一切条件，没有什么战略因素能有力地说服这个年轻国家在崛起之路上做出妥协、避免与其他国家爆发冲突。此外，长期的科技进步与经济发展也激发了德意志强烈的民族自豪感，让许多德国人放下隔阂与分歧，在爱国热情下团结起来。总而言之，当时的"社会帝国主义"确实具有很大的吸引力。

新路线：列奥·冯·卡普里维时期，1890—1894

在1890年3月18日接到俾斯麦的辞呈后，威廉二世立刻召集亲信顾问，宣告了新任宰相的人选。他事先没有向帝国议会告知这一决议，更不曾征求过议会的意见。在任命普鲁士军事将领列奥·冯·卡普里维（Leo von Caprivi）为新任宰相时，威廉明确表示，宰相一职将会全无用处，所以这项任命只是暂时性的。威廉需要的只是一个暂时帮助他处理政务的人，等他积攒了足够的政治经验并受到国民的充分认可之后，就会推行绝对的君主统治，而他的核心政治集团只负责提供建议。然而，卡普里维最终表现出强大的独立性，他比抱有绝对君主制幻想的威廉二世更清醒地看到了德国的现实政治情形。

选择列奥·冯·卡普里维担任宰相，这个人选也值得玩味。在近20年的统治之后，一手缔造了德意志帝国的俾斯麦，绝非后继者所能轻易匹敌。而卡普里维是一位与俾斯麦截然不同的人物。作为陆军将领，卡普里维战功卓著，以利落的作风和稳健的组织能力而闻名。他是普鲁士陆军总参谋长赫尔穆特·冯·毛奇手下最得意的门生，因此在军中平步青云。普法战争期间，卡普里维在相对年轻的39岁就得以担任第10军参谋长，一度引发了不少争议，但他很快证明了自己的实力，并在军中和民间赢得广泛尊敬。战争结束后，他在普鲁士王国陆军部工作，又于1883年平调至海军，以中将军衔领导德国海军。有趣的是，随着威廉二世在1888年即位后表示出扩张海军、挑战英国的强烈意图，深深反对这一点的卡普里维主动提出辞职，从海军回到了陆军。俾斯麦认可这位将领强烈的原则意识，也赞同他的观点，认为德国的海上战略目标应以防御为主，将活动限制在欧洲近海，而不是漫游到世界各地并与英法发生摩擦。因此，俾斯麦对这位继任者也表示欢迎。

美国历史学者罗伯特·麦西曾将卡普里维称为"普鲁士军官

的典范"。这位59岁的单身汉过着"斯巴达式"的生活:"(他)不抽烟,很少有亲密的朋友,也没有多少敌人。他读历史著作,说一口流利的英语。他举止冷静,为人坦率友好,讲话通情达理。"[12]

从表面上看,卡普里维是过渡阶段宰相的上佳人选:风评良好,做事可靠,擅长管理,政绩扎实。威廉二世无疑也看中了他身上的普鲁士军人作风,相信他会毫无保留地效忠君主,不会像俾斯麦那样固执己见,尽管卡普里维高高的发际线、浓密的银白八字胡和圆圆的大脑袋看起来与俾斯麦颇为相像。这种相似绝非偶然。威廉二世以为这位新宰相只是外表强硬,实为一位顺从的行政管理者,有助于君主立宪制向君主个人统治的转变。但威廉显然判断错了,而这也不是他的最后一次误判。

卡普里维主政之初表现不错。他对《柏林日报》宣称以"在伟人谢幕、伟业成功之后带领国民回归常态"为己任,[13]承认自己无意效仿俾斯麦,而是想要以稳健的作风维持德国内政外交的稳定。无论德国公众、俾斯麦还是威廉二世本人都对这一表态感到满意。1890年圣诞节当天,即卡普里维担任宰相9个月后,威廉二世在给外祖母英国维多利亚女王的信中写道:"我们和卡普里维处得不错……他既被朋友喜爱,也受政敌敬重。依我看,他的性格之好在德国历史上也是数一数二的。"[14]热切希望受到国民爱戴的威廉二世在即位后努力试图脱离俾斯麦强硬的反社会主义路线,卡普里维也赞同和解政策。两人携手在内政领域推动了所谓"新路线",力求结束阶级冲突,增强帝国国民的凝聚力。

1890年大选中，社会民主党赢得了最多的选票，但因为选区结构严重偏向地广人稀的农村地区，对社会民主党的民意基础——城市无产者聚居的城镇地带代表不足，该党数量上最多的选票最终在帝国议会只转化为不足10%的席位。政局的趋势显而易见，如果威廉二世想继续获得议会支持，为自己野心勃勃的造舰计划追加拨款，他就必须同时与工人阶级和势头未减的天主教中央党打交道。在卡普里维时期，俾斯麦制定的反社会主义法案未被废止，却也没有得到严格执行，终于名存实亡。卡普里维还对中央党内的波兰人力量做出让步，允许只有极少数（乃至没有）学生说德语的学校用波兰语授课。这两项举措迅速传达出和解的态度，扭转了德国长期以来针对社会主义者与天主教徒的高压政策。

主政第二年里，卡普里维决定在新路线上更进一步。1891年，卡普里维提出了一系列社会改革方案，包括禁止在周日工作（这一政策在德国延续至今）、禁止雇用13岁以下儿童，以及妇女每周工作不得超过11个小时，以免他们被当作廉价劳动力而受到雇主压榨。这种中庸的调和政策也体现在卡普里维的政坛风格中。前宰相俾斯麦试图直接掌控柏林政坛的一切事务，乃至禁止各部大臣越过自己单独面见皇帝，但卡普里维选择放开对内阁、公务部门、帝国议会及参议院的管制，促进部门间的合作与开放讨论。若有其他政治家单独面见威廉二世，卡普里维不会强求在场，甚至也不要求事先通知。此外，他还积极鼓励普鲁士王国的政府大臣与联邦政府对应部门的长官定期会谈，以协调政策。作为一名温和务实的帝国宰相，卡普里维不公开支持任何政党与政治立场，但他也不是俾斯麦那样冷酷的现实政治玩家，他懂得在必要的时机下结交盟友，也会避免用"国家公敌"的指控来攻击政坛上的反对派。

然而，在长达 20 年的激烈斗争与阴谋政治之后，为德国吹起务实、诚恳与和解之风的做法或许可敬，却也有些天真。经历多年打压之后，重获言论自由的社会主义者接连发起罢工运动，遭到工厂主与工业资本家的强力镇压，街头与工厂里不断爆发激烈冲突。由于帝国议会失去了俾斯麦时代的铁腕管制，达成共识的工业资本家群体在其中形成了一个逐渐壮大的极端派别，并日益激进化。这些保守党激进派议员时常身穿军服参与会议，在会议结束时会"用震耳欲聋的声音向皇帝高呼'万岁'"，[15] 他们还会用仪式化的行为举止表达对君主制与社会等级秩序的尊崇。随着保守党内部发生分裂，这些党内激进派最终取得了对温和派的胜利。从 1892 年开始，帝国议会保守党议员的政治立场不断右倾，他们的反犹主义态度越发激进，举止令人不快。在德国农业联盟（1893 年成立）强有力的资金和政治支持下，这些保守派议员构成了一股高调而危险的反对力量。但与俾斯麦不同，卡普里维对长期的政治斗争并无兴趣。

卡普里维在外交政策上也与俾斯麦截然不同。俾斯麦之子赫伯特·冯·俾斯麦在父亲辞职数日后也辞去外交大臣一职，抛下了一套由无数协定组成的复杂外交政策体系。皇帝那一贯阿谀谄媚的密友阿道夫·马绍尔·冯·比贝尔斯坦男爵虽然接替了小俾斯麦的位置，却缺乏外交事务上的经验与才干。面对奥匈帝国、俄国、法国、英国等列强之间错综复杂的利益纠葛，耿直诚恳的卡普里维本人也无法施展那些胁迫、密谋或是许诺的手段，来维持欧洲舞台的脆弱和平。卡普里维曾如此哀叹："俾斯麦可以用三只球做抛接戏法，我却只能玩转两只球。"就任宰相之初，卡普里维对俾斯麦背着奥匈帝国与俄国方面缔结《再保险条约》一事浑然不知，但这项密约在1890年6月即将到期，此时的他必须做出决断，并面临着巨大风险：如果奥匈帝国发现盟友德意志与潜在敌人俄国之间订立了这样一份秘密协定，德奥关系必将破裂。然而，如果协定到期后不再续约，俄国将投入法国的怀抱，这一点是俄国外交大臣尼古拉斯·基尔斯早已言明的。对卡普里维而言更加不利的是，威廉二世此时已背着他直接向沙皇承诺，《再保险条约》将在俾斯麦下台不久后续签。因此，当卡普里维决定不再续约时，俄方深感自己被羞辱，两国关系随即恶化。

卡普里维面临的另一个难题是1879年《关税法案》体制下德国的出口与贸易困境。《关税法案》不但对德国的出口商品人为设置了门槛，还造成了德国内部粮食供应不足、粮价上涨等问题，对国民的生活成本产生了严重的上行压力。要解决这些问题，办法之一便是降低关税。因此，卡普里维在1892年冬天与奥匈帝国、意大利和比利时等国达成了一系列贸易协定，[16]又在随后的两年里与一些小国达成协议，这不出意外地在德国农业联盟保守派的游说集团及其盟友当中激起了不满。这些势力动用反犹与反资本的说辞谴责卡普里维政府牺牲本国工农业利益，放任所谓全球化的犹太金融集团用物欲腐蚀德意志的民族美德。如果有皇帝的支持，卡普里维尚能无视这股沙文主义浪潮，但在1894年，他终于还是与皇帝及保守派同时交恶了。

1893年标志着卡普里维的宰相任期走上末路。作为陆军出身的政治家，卡普里维试图推动陆军近代化，增强陆军实力，在帝国议会提出了一系列改革方案：非战时常备军的兵力将增加8.4万人，作为交换，义务兵役将从3年缩短至2年。在帝国议会拒绝批准改革方案后，卡普里维将议会解散，选出了一届更支持陆军改革的新议会。起初，卡普里维似乎胜券在握，但这激怒了威廉二世身边一些不希望政府干预军务的军方精英，促使他们联合起来反对宰相。威廉二世一度希望卡普里维留任，但因为1893年大选期间发生了工人罢工，且社会民主党赢得了大量选票，来自社会主义者的威胁令政府感到不安，也让皇帝与卡普里维由于应对方针上的分歧而发生决裂。卡普里维力主皇帝向社会主义者进一步妥协，威廉则对屡屡失效的怀柔政策失去耐心，转而倾向强硬镇压。威廉二世曾在1888年宣告："我想成为小民的君主。"(Je veux être un roi des gueux.)但此时，这位"关注社会保障的皇帝"对过去4年里政府缓和国内无产阶级绝望情绪的措施也失去了信心，对社会调解政策感到悲观与幻灭。面临保守派、宫廷顾问乃至皇帝本人的重重反对，卡普里维的地位越发动摇，终于在1894年10月辞职。短暂的社会调解实验戛然而止，"新路线"至此走到了尽头。

霍恩洛厄侯爵与权力格局的重塑：1894—1900

在卡普里维下台后，寻找一位合适的继任者并非易事。在宰相任上，这位忠实能干的军人至少博得了他人的尊敬，但他的经历也表明，在帝国议会中平衡社会民主党人、天主教徒、自由主义者和保守派的诉求十分困难，甚至是绝无可能的，更不用说一位称职的宰相在解决这一难题外，还要讨取贵族、军方和皇帝本人的欢心了。而归根结底，卡普里维担任宰相本就是皇帝亲政之前的过渡，在他下台后，威廉推行绝对君主制的时机或许已经到来。威廉对君主的权威有种近乎狂热的信念，他相信君主的力量足以超越阶级、政治立场和信仰的分歧，并认定自己可以成就俾斯麦与卡普里维未竟的事业，让内讧频仍的德国人团结在皇帝的黑白红三色旗下。而要实现这一目的，就必须把国家的崛起设为国民的目标。如果德国能掌握"世界霸权"（Weltmacht），集体自豪感的浪潮定将席卷全体国民。威廉认为，俾斯麦和卡普里维就是在这里犯了错："老欧洲"的格局已容不下德国的雄心。毕竟，德国不是已经在所有指标上都超过了其他欧洲邻国吗？因此，下一任宰相绝不能阻碍威廉皇帝与国民间建立情感纽带，也不能拖慢德国夺取世界霸权的步伐。

霍恩洛厄-希灵斯菲斯特侯爵克洛德维希（Chlodwig zu Hohenlohe-Schillingsfürst）就是这样一个合适的人选。他是威廉二世岳母的堂兄，皇帝称呼他为"克洛德维希叔叔"。[17]威廉从小就认识这位侯爵，因此常与他以非正式的"你"相称。霍恩洛厄侯爵与皇帝关系密切，他的亲属也在政府担任要职，如果任命他为宰相，威廉就能放心地在宪制体系下继续扩张皇权。侯爵75岁的高龄（他不比俾斯麦年轻多少）在威廉看来也是加分项：他想要的宰相不是年富力强、充满事业心的政客，而是能在制度改革完成前替自己坐镇帝国议会的"稻草人"。作为出身于德国西南地区的天主教徒，霍恩洛厄不但能代表德意志南部的立场，还能有助于当局与天主教中央党建立友好关系。另一方面，他从1848年开始就支持建立以普鲁士为首的德意志国家，还曾作为教皇至上论的反对者，支持俾斯麦发起"文化斗争"，抵制教皇对德国天主教徒的抗争呼吁，这让霍恩洛厄被不少中央党人视为叛徒。政治立场温和的霍恩洛厄曾在议会代表自由党，后加入自由保守党，被任命为宰相时，他已经脱离了所有党派身份。因此，威廉希望霍恩洛厄就任宰相后，能利用他的身份在议会组成有效的执政多数联盟。1885年，俾斯麦曾任命霍恩洛厄为阿尔萨斯-洛林总督，希望他凭借天主教徒身份与温和的政治立场缓和当地法语族群的强烈不满。霍恩洛厄在总督任上的表现并不出色，但他证明了自己的忠诚，这在很大程度上使他成为下一任宰相的不二人选。

霍恩洛厄被威廉二世召到柏林，受命成为新任帝国宰相，但他内心对此并不乐意。霍恩洛厄深知皇帝只想要一个软弱的傀儡，便试图以自己年龄太大、身心疲惫、口才不佳等借口予以推辞，还说自己的经济状况不足以维持担任宰相所需的开销，但威廉驳回了他的所有借口，还承诺从皇帝私帑中拨给他12万马克的年薪,[18] 好让霍恩洛厄全心全意地顺服于他。

1894年10月就任宰相之后,霍恩洛厄要执行的第一项任务就令他深感不安:他必须面对拥有44名强硬社会主义者(他们的背后有近四分之一选民的支持)的帝国议会,推动一系列新的反社会主义法案通过审议。这些法案行文谨慎,只把制裁对象称为无政府主义者,或是"怀疑国家与社会秩序基础的人"。[19] 即便如此,人们还是能轻易看出威廉二世已不想当"小民的君主",而是打算用粗暴手段镇压街头和工厂里的动荡。在帝国议会于1895年否决了这些法案后,威廉勃然大怒,要求解散帝国议会并宣布戒严,还试图发动政变,一劳永逸地消灭这套在他看来阻碍君主行使神授君权的荒唐体制。霍恩洛厄力劝威廉三思而后行,并提醒他这种手段将会在南部邦国以及德国民众中引发剧烈抵抗。届时,德国将会爆发惨烈的内战,而在卡普里维拒绝续签《再保险条约》后缔结条约的俄法两国,则会让"同盟的噩梦"成为现实,令德国迎来毁灭危机。最终,威廉二世听取了谏言,"稻草人"宰相也表现出了令人意外的勇气。但霍恩洛厄在政坛上本就局促的活动空间也彻底丧失了。在这场挫折之后,围绕反社会主义法案展开的政局洗牌使霍恩洛厄沦为边缘人,为威廉皇帝的亲政铺平了道路。

1896年1月18日,威廉二世发表纪念德意志帝国成立25周年的公开讲话,称"德国已成为世界帝国",在社会主义者当中引发嘲笑和不满。对威廉二世而言,这一反应只证明了两点:第一,社会民主党人确实如他反复指责的那样,是一群"没有祖国的家伙"；第二，任何允许社会民主党人掌握实质话语权的政体都是荒唐的。只要受制于帝国宪法，威廉就不能绕开帝国议会自行订立法律，但他拥有对具体政府官员的任免权。因此，威廉不顾宰相竭力劝阻，将极端保守主义者和他那些阿谀奉承的亲信送入普鲁士和联邦政府担任要职。皇帝本希望通过这些官僚来践行自己的意志，但这些人在就任后往往按自己的想法行事，反而操纵了皇帝。

威廉二世任命自己亲信集团中的诸多成员担任实权职位，这个集团被称作"廷臣党"，也因奥伊伦堡伯爵菲利普在勃兰登堡的别墅而得名"利本贝格集团"。这个小圈子的核心人物是在1897年成为外交大臣的伯恩哈德·冯·比洛。和奥伊伦堡伯爵一样，比洛热衷一切浪漫事物，长期以来凭借风雅的举止做派和巧妙的手段赢得威廉的欢心。理论上，外交大臣应受帝国宰相调遣，但就任后不久，比洛就和霍恩洛厄约定，后者将在宰相位置上尽可能地维持门面，前者则在幕后运作所有事务。威廉曾交代比洛，他的首要任务是扩张海军、扩大德国在海外的影响力，同时避免对英国开战。他曾有一句名言"比洛就是我的俾斯麦"，希望这位重臣能像当年的铁血宰相那样施展奇迹般的外交戏法。为达成这一目的，比洛还要与1897年就任帝国海军大臣的阿尔弗雷德·冯·提尔皮茨（Alfred von Tirpitz）共事。提尔皮茨有一把显眼的尖络腮胡，无论在相貌还是在工作上，他都完美契合了威廉对海上霸权的幼稚憧憬。从1897年到1914年，他推动了全面的海军扩军政策，令德国成为世界上仅次于英国的海上强权。比洛还将在外交上主导所谓的"舰队政策"（Flottenpolitik），这将在第一次世界大战的战前紧张时期成为英德矛盾的一大焦点。

不过,威廉二世的近臣中仍以奥伊伦堡伯爵菲利普最具分量,他不必发挥政治才华,依傍权贵近亲,甚至不用直接与威廉接触,就能影响这位年轻的皇帝。奥伊伦堡伯爵与威廉有着"超越空间距离的情感纽带"[20],他甚至有意与柏林的宫廷拉开距离,更喜欢在休憩时与威廉见面。威廉把这位年长12岁的奥伊伦堡伯爵视为精神支柱,无论柏林政坛的暗流如何涌动,都对他抱有真挚的信任。奥伊伦堡伯爵和威廉一样热爱浪漫诗歌、神秘主义和迷信崇拜,总是"猎枪在肩,歌集在手"[21],因此成为威廉最亲近的政治顾问。伯爵总是能巧妙营造出一种亦师亦友的亲密氛围,为年轻的威廉填补了内心的空白,使他获得无比渴望,却未能从父亲和俾斯麦那里得到的真挚情感。对奥伊伦堡伯爵而言,与威廉的友谊虽然真诚,但也有政治上的效果:正是通过这些关系,他成功推荐密友比洛担任国务秘书乃至帝国宰相。事实上,在1897年应召乘火车赴柏林就任国务秘书途中,比洛就曾绕道拜会奥伊伦堡伯爵,向他咨询与威廉二世打交道的诀窍。

那么,到1900年,威廉是否对政局有了全然的掌控?威廉自己当然希望如此。他越来越强调自己正在领导德国争取世界霸权,并开始公然讨论施行亲政。威廉视自己为德意志民族的人格化具现。"世界霸权成为他天赋君权的延伸",[22]而为达到这一目的,他已经在相关政府部门的长官和顾问职位上安插了自己中意的人选。威廉似乎真的成了德意志政局的中心人物——至少他自己是这么相信的。比洛巧妙地迎合了皇帝的想法,公开宣称自己愿为"亲政"充当棋子。奥伊伦堡伯爵也不断对比洛强调，他必须让自己的角色停留在引导皇帝，而非制约皇帝的限度之内。就这样，两人联起手来，精明地利用了威廉摇摆不定、缺乏政治眼光以及始终感到不安的弱点。随着霍恩洛厄被边缘化，所有人都能看出，比洛（毫不意外地）接过帝国宰相之位后，只会在表面上扮演宪制下的宰相角色，任由威廉二世掌握真正的权力。

然而，正如克里斯托弗·克拉克详尽论述过的那样，只靠任命亲信执掌政府部门不足以为皇帝开启绝对君主制的新时代。无论政府部门长官如何更替，皇帝都不能绕开帝国议会，自行敲定军费预算，通过立法。离开了这个代表德国民意的代议机构，威廉的"世界政策"（Weltpolitik）与海军扩张大业便无从谈起。随着时间推移，社会民主党在议会选举中的战绩不断提升，终于在1912年成为帝国议会第一大党，掌握了令政府不可小觑的话语权。如果威廉试图在此时强制推行集权专制，德意志各邦的脆弱纽带便会崩溃，内战爆发的前景绝非杞人忧天。至少在眼下，威廉二世不得不接受绝对君权与德国统一不可兼得这一现实。

除了自下而上的压力，君权也受到精英阶层的制约。"廷臣党"虽然给威廉营造了一切取决于皇帝的印象，却在实际上强有力地支配着威廉的个人情感与政治判断。此外，军方领袖的立场也日趋强硬，逐渐与工业资本家、容克贵族和其他利益团体并驾齐驱。在威廉看来，只有"世界政策"的旗号能够成为德国各阶层的最大公约数：如果能设法带领德国走上大国之路，凭借超越俾斯麦和卡普里维的胆识，充分发挥德国的潜力，实现建立

"世界霸权"的目标，工人阶级、精英集团和政治反对派一定会对自己俯首帖耳。这是威廉确立强势君权的唯一办法。

"世界政策"：争取优势地位

"我们相信，德意志从一开始就绝不能在与世界上其他民族争夺美好而富饶之未来的斗争中被排除在外。

（"说得好！"）

"德意志人曾经把土地交给这个国家、把海洋让给那个国家，只留给自己一片由纯粹法则支配的天空——

（大笑——"说得好！"）

"——这样的时代已经过去了。我们的首要使命是努力提升我国航运、贸易和工业的利益……换言之，我们不是要凌驾于其他人之上，但我们要为自己争取优势地位。"

1897年12月6日外交大臣
伯恩哈德·冯·比洛在帝国议会辩论中的发言

在国内政局洗牌的背景下，比洛关于德国殖民野心的宣言常常被视为德国外交政策的分水岭。这种流行观点认为，与试图将德国外交野心局限在欧洲大陆内部的俾斯麦和卡普里维不同，威廉二世和他的亲信们梦想建立起德意志的殖民帝国，并试图将这一野心付诸实践。这种看法大体符合事实。如前所述，俾斯麦曾反复强调德国作为欧洲国家的地缘政治诉求已经"饱和"；遵循同样路线的卡普里维宁可放弃作为海军长官的地位，也不愿根据皇帝的指示，将海军变成殖民扩张的工具。相比之下，1894年以后政府高官、"廷臣党"和威廉二世对"世界政策"的高调宣扬确实有着截然不同的口径。不过，德国在现实中的扩张脚步并没有发生相应的变化。德国的大部分殖民地都是在19世纪80年代俾斯麦执政时建立的。不来梅出身的商人阿道夫·吕德里茨在非洲西南部买下了德国的第一片殖民领地，随后不断扩张，最终将南非与安哥拉之间广达22万平方英里*的沿海土地纳入囊中。其间，吕德里茨还曾以购买小块土地为由诓骗当地一位部族酋长，获取了比约定面积大得多的土地，因此得到"骗子弗里茨"（Lügenfritz）的恶名，俾斯麦都不得不出面干预。当时已临近1884年大选，俾斯麦迫于舆论压力，将吕德里茨的土地置于德国"保护"之下，又出于外交顾虑回避了"殖民地"的提法，德属西南非洲由此成为德国海外殖民扩张的第一块属地。同年，德国又获取了多哥、喀麦隆和德属东非（今坦桑尼亚、布隆迪、卢旺达），俾斯麦还在柏林召开了旨在协调欧洲各国对非殖民的多哥会议。次年，即1885年，德国又在太平洋海域获得了领地。[23] 由此可见，俾斯麦显然没有彻底禁绝海外扩张活动；事实上，他也无法阻止德国商人和其他民间利益团体在海外自

---

* 1平方英里约为2.59平方公里。——编者注

行扩张，并以私人名义收买土地。与卡普里维下野后相比，当时的德国政府只是公开宣称不鼓励这种民间殖民行为，并采取系统性的安抚措施，好让法国和（尤为关键的）英国相信德国无意在非洲和亚洲与它们展开竞争。然而，正如1897年比洛在帝国议会的发言所明示的那样，德国政府的执政基调已经发生了大幅转变，德国将不再回避与其他列强的竞争，也不会在国际舞台上被动等待，沦为中等国家。

比洛的言论背景，是德国在中国备受争议的扩张活动。当时，帝国议会正在辩论是否应该向清政府租借胶州湾作为海军基地，这显然会影响德国与英国的外交关系。政府宣称德国即将在经济上成为欧洲第一强国，不必在这种问题上顾虑他国的外交压力，因此坚决主张推进租借计划，最终在1898年3月6日与清政府达成协议。至此，"世界政策"的车轮开始全速运转。虽然德国的殖民地在经济上不能像英法殖民地那样与母国利益攸关，但德意志殖民帝国的前景仍然令人生畏——在英法两大霸权眼中，德国海军战舰大摇大摆通过英吉利海峡、沿着两国近海开往亚非两洲的情景显然不容乐观。

比洛、霍恩洛厄和威廉二世都缺乏俾斯麦的外交技巧，无可避免地让德国背负起越来越严重的国外猜忌与外交压力。或许颇有象征意义的是，1898年7月30日，就在自己精心设计的外交政策体系渐趋崩溃的时刻，德意志帝国的缔造者、前帝国宰相俾斯麦离开了人世。在死于坏疽未愈引发的高热之前，俾斯麦留下遗言，希望自己能与4年前离世的妻子约翰娜相见。就这样，俾斯麦的辞世也象征着他对德国的愿景,随着继任者的作为终于在1898年烟消云散。

即便只是为了在重洋之外拓展一小片殖民领地,德国也得大幅提升本国的海军实力。无论是为了镇压殖民地的起义,还是为了与其他欧洲国家抗衡,德国都需要一支可以快速做出有效反应的强大海军,即便海军力量只发挥威慑作用,也足以为扩军投资赢得相应的回报。19世纪90年代,所有欧洲国家、美国、日本都开展了庞大的海军扩张计划,德国如果无动于衷,反而会成为异类。当时世界各国普遍认为,一个只有陆军力量的国家在长期的国际较量中必定会沦落中游,这与日渐高涨的民族主义情绪也一拍即合。在当时西方世界的民主国家,宣扬自己为国家谋取利益才是政客的得分项,国际主义往往被斥为不爱国的颠覆思想。海军阅舰、陆军阅兵等炫耀国威的活动在民众中大受欢迎,也有利于选情。正如克里斯托弗·诺恩(Christoph Nonn)所说,德国的起点比其他国家更落后,相较于本国强劲的经济实力及其地缘政治力量,海军无疑成为德国一大短板。[24] 在英法两大帝国工业发展趋于停滞时,德国的工业却以令人警惕的步伐加速推进;如果这一趋势持续下去,德国的未来形势将十分有利,而英法两大传统强国的前景却不容乐观。然而,19世纪90年代的意大利和美国的综合国力虽然在时人看来不如德国,其海军力量却远比德国强大,这一状况必须改变。从1898年起,德国开始启动一项大规模海军扩张计划。在阿尔弗雷德·冯·提尔皮茨的主持下,德国踏上了关乎国运的"舰队政策"之路。

帝国与海军力量、"世界政策"与"舰队政策"间的关联，长期以来都是各国学者、政客和军事理论家探讨的重要话题。美国海军军官阿尔弗雷德·塞耶·马汉曾在《海权论》中总结说，掌握海洋的强权即可主宰世界。《海权论》在1898年出版后迅速成为威廉二世最爱的读物。他在给朋友的信中写道："马汉上校的著作对我有如醍醐灌顶，我真想把其中的文字熟记下来。我的每一艘军舰上都配有《海权论》，舰长和军官们总会引用其中的语句。"[25] 提尔皮茨也是《海权论》的忠实读者，并在1898年授意将其译为德文。他相信《海权论》的论述足以说服所有人，于是免费发行了8000本，以制造舆论声势，促使帝国议会在1898年通过《第一次海军法案》，并授权政府建造并永久维持16艘战列舰。虽然造舰成本巨大，且受到社会民主党和保守派的强烈反对，帝国议会的多数议员还是被提尔皮茨所谓的"风险威慑"战略说服。这一战略主张，德国在短期之内不可能具备与英国争夺海权的实力，但英国却不会坐视德国扩张海上力量。因此，只有建立起一支足够强大的海上力量，吓阻英国的侵犯企图，才能保障德国的安全。提尔皮茨提出，德国海军需要与英国海军形成2∶3的实力对比，才能有效威慑英国并迫使其与德国结盟，而非对抗。

在最初的一段时间里，由于德英两国能在殖民地问题上达成共识，这种威慑策略尚能生效，但两国之间的利益冲突最终还是激化到不可调和的地步。英国乐见德国在东亚和非洲开辟军港，却不愿冒着与法国为敌的风险与德国结盟。德英合作在1902年宣告破裂，英国和法国随后在1904年就北非政策达成协约。在1900年就任宰相的比洛的劝说下，威廉二世试图离间英法关系，却以蹩脚的失败收场。1905年春天，他访问法国殖民地摩洛哥，骑着一匹白马横穿丹吉尔，然后声称愿对当地苏丹给予全面支持，支持他脱离法国控制。威廉本以为这种做法会削弱法国在北非的势力，英国会乐见其成；却没想到在一年后为解决摩洛哥危机而召开的阿尔赫西拉斯会议上，除奥匈帝国以外的与会国都支持法国而非德国。最终，所谓的"第一次摩洛哥危机"反而坐实了德国插手非洲事务的野心，巩固了英法协约。随着意大利和俄国加强对法合作，德国在外交上越发被孤立了。

在这一背景下，提尔皮茨索性宣称外交努力已经失败，"风险威慑"才是在日益孤立无助的国际环境中确保德国安全的唯一可行办法。他在《第二次海军法案》中提出每年新建三艘战列舰，直到将德国海军的舰队规模扩张一倍。法案顺利得到议会批准，这使英国深受刺激，于是开始研制一种号称在战斗力上数倍于现役战列舰的新型战舰——无畏舰。提尔皮茨得知此事后，不等通知宰相和外交部便采取行动，向帝国议会提出议案，要求在《第二次海军法案》的基础上为海军增加35%的经费，每年建造两艘无畏舰和一艘装甲巡洋舰。帝国议会一度对此有所抵触，但在摩洛哥危机的耻辱掀起又一股民意浪潮后，该法案成为关乎爱国主义原则的问题，在1906年通过审议。1908年的《第四次海军法案》引发了一场预算危机，间接导致宰相比洛下台，也让整个德国卷入了"海军扩张是否已经过度"的大讨论中。

即便投入了大量资金，德国仍未能在海军竞赛中赶上英国，反而在其他欧洲国家心中引起了猜疑和愤怒。1912年，新任帝国宰相特奥巴尔德·冯·贝特曼-霍尔维格（Theobald von Bethmann-Hollweg）终于叫停了海军扩张计划，试图与英国交好，但为时已晚。英国无法从与德国的联盟中获得任何好处，反而会因此损失许多利益，德国海军规模虽大，却不足以对英国构成严重威胁。1914年的英国拥有29艘无畏舰，远多于德国的17艘。英国的海外殖民领地在规模上依旧领先世界，法国和俄国作为其外交盟友的重要性也高于德国。由于德国殖民领地在经济上缺乏效益，反而是英国殖民地与德国本土间的经济往来更为密切。最终，"舰队政策"与"世界政策"以外交孤立和迫在眉睫的经济灾难为代价，却仅仅为德国赢得了意义不大的殖民地和规模位居世界第二的海军。

文化

虽然没能攫取多少土地，德国的殖民政策仍对国民心态产生了巨大影响。直到20世纪70年代，德语中还在用"殖民地商品店"（Kolonialwarenladen）来代指"杂货铺"，[26] 这种商店中售卖的咖啡、巧克力、烟草、砂糖、香料和茶叶等商品曾经都充满异域风情，在20世纪后半叶却早已进入寻常百姓家。从1890年起，这些来自殖民地的商品在德国本土被广泛销售，与其相伴的宣传标签也越来越博人眼球，经常出现大象、椰子树、异域水果或是基于刻板印象的非洲原住民形象。对殖民地商品的消费需求和欲望飞速增长：到1914年，德国的咖啡消费量达到世界咖啡总消费量的三分之一，[27]仅次于人口比德国多3000万的美国。德国人为自己的殖民事业而自豪，无论孩童还是成人都对殖民地充满幻想。

殖民热情与一股更广泛的民族主义情绪互相鼓舞，一同高涨。肇始于19世纪中叶的德意志民族主义已逐渐脱离了当初的自由主义底色，从1900年开始转而推崇一种更具对抗性的"敌友"观。[28]自由主义者曾将民族国家视为保障法治的政治建构，但在新的观念里，民族国家既是政治实体，也是文化、族群和血统的凝结物。查尔斯·达尔文在1859年出版的《物种起源》（又名《在生存竞争中保存优良种族》）中提出的生存、斗争和竞争概念原本描述的是自然界规律，却被视为普遍法则，对人类和动植物同样适用。在这种社会达尔文主义的世界观里，只有最强大、最具适应力的人群可以存续，民族国家及其属民必须为争夺资源、空间与生存条件展开永恒的斗争。随着政治意义上的国族、社会意义上的人民和生物意义上的族群彼此交织，一个新的概念——"民族"（völkisch）应运而生，赫尔曼·冯·普菲斯特-施威格尤森等自封的"语言卫生学家"甚至呼吁人们用这个源于德语的词取代源于拉丁语的"national"，作为"民族"一词的正确说法。"民族"运动试图用血统族群的概念来定义不同国家的民族身份，而不是像自由主义者那样以语言和文化为判断标准。在 1899 年出版的畅销著作《19 世纪的基础》(*The Foundations of the Nineteenth Century*)中,归化德国的英裔哲学家霍斯顿·斯图尔特·张伯伦(Houston Stewart Chamberlain)为这种新的民族思想提供了正式的观念框架。他认为,古典时代希腊与罗马的文明延续到了当代西方,尤其是欧洲的日耳曼人身上:

> 一些人类学家叫嚣说所有种族在禀赋上都是平等的,我们只要看看历史就能反驳他们:这是在撒谎!人类各族群的天性差异显然可见,日耳曼种族便属于其中最有天赋的一支,即俗称的"雅利安人"……雅利安人的智识与身体素质在所有人种中最为卓越,他们因此理应成为……世界的主宰。[29]

如果用血统—人种的标尺来定义国族身份,少数族群就只能成为民族国家的寄生虫乃至敌人。张伯伦将犹太人称为从"近东"迁徙到欧洲的"新来者",并在著作中用大量篇幅来论证犹太人的颅骨结构、面部特征及其他体貌规律有何特殊之处,他认为这些差异表明犹太人来自一个天性更低劣的非欧洲种族。基于这一论证,泛德意志联盟等反犹主义团体和一些右翼极端保守派开始炮制出恶毒的反犹言论,其论调几乎无异于支持种族灭绝。日常生活中的反犹歧视广泛被默认,这显示出犹太人在民事法律上获得的平等地位是远远不够的。

在这种为德意志民族的生存而斗争的狂热氛围里,不拥护皇帝、不支持殖民扩张以及不支持（后来爆发的）战争都会让人背上致命的叛国嫌疑。在很多人看来，社会主义者、犹太人、少数族裔和其他被认为有国际主义倾向的人都对帝国内部稳定和国家安全造成了威胁。这种观念在选举和政策制定时会成为实用的工具，让威廉二世和他手下的宰相们得以推动陆海军扩张计划在议会顺利通过，而不必通过深化社会改革来向议会中话语权日益增长的社会主义者做出妥协。热衷军事文化的威廉二世还曾罕见地表现出政治积极性，主动呼吁在教育改革中强调军事内容。在一场面向教师和教育部门官员的会议上，威廉指出，课程大纲应该旨在"为祖国培养刚健男儿，让他们成为国家优秀的公仆与领袖"，[30] 这一提法与早期德意志民族主义教育家弗里德里希·路德维希·雅恩发起的德国体操运动（Turnbewegung）颇为契合。威廉和雅恩都认为体育和民族身份关系密切，并为军国主义和保卫祖国的主张提供了理念支持。

就这样，包括威廉二世在内的很多德国人都对军队抱有奇特的浪漫想象，而这又和社会达尔文主义思想及防御性民族主义混合起来。从抗法战争到统一战争，军队在德意志统一的过程中扮演了特殊角色，因此，军人在德国民众的观念中拥有独特地位。通过多年以来面向全体男性国民的义务兵役制度，一种对德意志民族血缘兄弟的浪漫想象不断加深。

如今已成为笑谈的所谓"科佩尼克上尉"（Captain of Köpenick）事件为这种观念提供了绝佳的写照。1906年，一个身负多项犯罪记录、名叫威廉·弗里德里希·福格特的修鞋匠决定利用德国人对军队体系的盲目崇拜，从不同地方拼凑出一套二手上尉制服，在10月16日早上穿着这套军装招摇过市，看其他人要过多久才能识破自己。他来到本地的驻军军营，见到4名掷弹兵，要求他们与自己同行。随后，他又从本地靶场找来6名随从，陪同自己乘火车前往柏林附近的科佩尼克，并让士兵们占领了该镇的市政厅。凭借一身制服，他不但成功地对这些士兵发号施令，还能指挥地方警察维持秩序，以便自己处理"重要公务"。他甚至以诈骗罪逮捕了科佩尼克的市长和财政局局长，没收了4000马克（还开了收据！），然后将手下士兵分成两组，其中一组带着"犯人"去柏林的新岗哨接受审讯，另一组留守科佩尼克市政厅。"上尉"自己却在这之后换上常服，消失得无影无踪。这个滑稽的事件虽只是个案，却折射出20世纪之初德国人对军队制服的强烈敬意与服从意识。

  与热爱军队的情绪相辅相成的是对秩序、纪律和稳定的向往。大多数德国平民都对警察在日常生活中的积极作用表示欢迎（警察有时甚至会把逃学的孩子送回学校）。这一基调在很大程度上是由构成警察队伍主力的复员军人奠定的。然而，即便有强大且受欢迎的警察力量，统治精英仍然对民众越来越充裕的闲暇时间感到不安，担心自己会失去对社会的掌控。1871年，德国工农业劳动者每周平均工时高达72小时，但到1914年，这一数字已降至55小时；[31] 另一方面，德国劳动者的实际工资水平在1885年至1913年间增长了约四分之一。随着劳动以外时间与可支配收入的增长，德国人突然有了闲暇，大众文化开始无视精英阶层的态度,逐渐发展起来。早在1890年,威廉二世就曾担心工时的缩短"有可能助长无聊的生活方式",[32]但大众文化与利用新媒介进行的传播仍然势不可挡。正如赖因·特劳布阐述的那样,普法战争曾令明信片这一新媒介在一夜之间被大众普遍接受。明信片原本脱胎于前线军人写给后方的家书,却在这场战争中一跃成为利润丰厚的商机。艺术复制品很快成为明信片的流行主题,不但可以用来与心爱的人通信,也可以当作艺术品装饰墙面,或是作为礼物馈赠他人。随着城镇化的推进与摄影技术的普及,描绘城市风光的图片也成为新的流行事物,很多学者将这种现象称为日常生活总体的"审美化":人们开始追求身边美的事物,也开始关注生活中的家具什物、时尚潮流和居住环境。

教育制度的改革令德国的识字率达到99%,足以令全世界艳羡,这意味着就连最清贫的工薪劳动者也能在下班后读书消遣。从1850年到1900年,有阅读习惯的人群在全德意志人口中的比例从5%增至30%。[33]在城市工厂结束了枯燥繁重的工作后,大多数劳动者都不会阅读歌德的诗歌或是其他高雅的故事,而是希望在幻想世界中寻求庇护,借助刺激的想象世界逃离千篇一律的日常生活,这无疑令威廉二世和精英阶层感到失望。通俗小说在德国十分畅销,它们或以廉价版本在市场上发行,或陈列在许多企业主新设立的工厂阅览室中供雇员借阅,或在报纸上连载。与其他任何时期的情形一样,当时的德国读者最喜爱言情、犯罪、冒险以及戏剧性的煽情小说,但除此之外,他们也对美国西部题材产生了奇特的爱好。卡尔·梅的《温尼托》(*Winnetou*)

第四章 威廉二世的帝国:1890—1914　　151

三部曲在1893年甫一刊行便大受欢迎。不过，尽管曾以美国西部和东方世界为背景创作了不少冒险小说，在全世界创下2亿册的销量（其中半数来自德国），卡尔·梅本人直到1899年以前，都没有涉足过自己笔下所描绘的异域国度。梅的作品充分反映了当时的德国人对娱乐消遣的旺盛需求。

另一方面，包括在其他领域追求新潮的威廉二世在内，德国的精英阶层仍将文化与艺术视为构建并巩固民族认同感的工具。威廉二世还曾亲自赞助了安东·冯·维尔纳（为德意志帝国成立仪式绘制纪念油画的作者）等民族主义艺术家。而在德国各地，一大批民族主义相关的纪念工程也被兴建起来。威廉一世生前曾深居简出，行事低调，但在1888年去世后，他也不可避免地被后人神化。最终，德国为威廉一世建立了近400座纪念建筑，[34]其中最为壮观的是柏林的国立威廉皇帝纪念碑，由威廉二世最喜爱的雕塑家赖因霍尔德·贝加斯设计建造。德国人还为俾斯麦修建了700多座纪念建筑，这一热潮最早可追溯至19世纪60年代，在1898年俾斯麦去世后又有加速扩散的趋势，其中最受欢迎的设计是所谓的"俾斯麦纪念塔"，共有234座纪念塔落成，其中173座保存至今。莱比锡的"民族会战纪念碑"或许为德国人民与精英阶层对避世、冒险与战争文化的共同喜好提供了最具象征意义的写照：这座纪念碑由500级台阶和300英尺高的混凝土巨塔组成，以纪念反抗拿破仑战争中最血腥的一处战场。这座巨大的纪念碑在官方与民间的共同集资下于1913年完工，俯瞰着周围的平坦原野，至今仍是旅游名胜。

不过，在音乐和文学趣味上，威廉皇帝及保守派精英们则与民众之间拉开了更大的距离。理查德·瓦格纳的歌剧被视作昂扬向上、具有教育意义的爱国主义作品，早在威廉即位前就深得他的喜爱。作为波茨坦瓦格纳协会的成员，皇帝还见过瓦格纳的第二任妻子，即在1883年瓦格纳去世后筹办拜罗伊特瓦格纳音乐节的科西玛·瓦格纳。不过，对上流社会影响深远的瓦格纳在工人（他们在1907年已占德国劳动者的四分之三）当中并未受到广泛欢迎。

到1914年，德国社会各阶层间的文化与意识形态分歧已较为显著且不断扩大，但在另一方面，仍有很多文化要素能将各阶层团结起来。大多数德国人都重视秩序，尊重纪律，敬重军队，尤其是对军队的敬意常常会与人们对忠诚、冒险和兄弟情谊的浪漫想象结合起来，这一点同时体现在卡尔·梅的通俗小说和瓦格纳的"上流"文化作品中。努力奋斗、同胞情谊与对抗敌人的观念将精英和工人有力地绑在一起，缓和了两者间原本尖锐的矛盾。因此，威廉二世和他手下的历任宰相会在1898年至1914年间，本能地选择以这种理念作为塑造国民共识的唯一基础，也就不难理解了。

比洛与贝特曼-霍尔维格：寻求共识，1900—1914

威廉二世曾在1895年宣称"比洛就是我的俾斯麦"，他对这位充满魅力的外交官倾注了内政和外交上的全部期望。然而，比洛毕竟不是俾斯麦，他或许能凭自信的心态和优雅的举止在外交官事业中取得成功，但在当时的评论者看来，他光鲜的外表下并没有多少实际才能。比洛的一些同僚给他取了个"鳗鱼"的绰号："这个年轻人身材瘦削，一张圆脸，不乏和善的神态，他的蓝眼睛带有笑意，八字胡打理得颇为精细。"[35] 正是这样的一个人，凭借自己的魅力混进了威廉二世的近臣圈子。比洛的受宠在一定程度上是因为他和威廉二世以及奥伊伦堡伯爵有共同的爱好，他们热衷于一切浪漫、神秘、带有奇幻色彩的事物。在他与奥伊伦堡伯爵一致认为驱赶霍恩洛厄下台的时机已成熟后，奥伊伦堡伯爵便开始运作，先后让他当上了外交大臣和帝国宰相。1900年，81岁的霍恩洛厄垂垂老矣，已沦为"空壳宰相"，由外交大臣比洛掌握实权。霍恩洛厄不愿继续为自己不支持的政治路线充当傀儡，并为此消耗精力与生命，终于选择辞职。就这样，伯恩哈德·冯·比洛在1900年10月17日正式成为德意志帝国的新任宰相。

继任之初，比洛面临着曾困扰过前三任宰相的政治难题。社会民主党在帝国议会的势力不断增长，快速膨胀的陆海军预算越来越难以通过审议，政府只有建立一个足够庞大的政党间联盟，才能让法案顺利过关。比洛将这一路线称为"共识政策"（Sammlungspolitik），并且提出："必须尽可能拓宽帝国内政政策的基础，吸引保守派、民族自由党人、温和派教士（中央党支持者）和理性的左翼自由派。"[36] 比洛认为，这样既能增进国家凝聚力，也能更有效地对抗"社会革命"。[37] 所谓"社会革命"的幽灵不但令比洛感到恐惧，也令很多统治精英忌惮不已。当时的社会民主党已经开始与自由派左翼力量交流与合作，意图将高涨的得票率转化成更多的帝国议会席位。在奥古斯特·倍倍尔的影响下，社会民主党开始追求更符合现实政治标准的主张，如缩短工时和更多的民主权利，而这些目标无须革命，通过社会改革即可达成，因此更要求社会民主党与其他政党及帝国当局协调合作。但在话语体系中，社会民主党人还是保留着呼吁无产阶级革命的社会主义成分。这种现实政治与激进主张的奇怪结合源于1891年社会民主党的《爱尔福特纲领》，这份文件同时反映了党内两派意见，既呼吁革命也寻求改革。无论是激进还是务实，社会民主党在帝国当权者眼中都已成为强大而危险的反对力量，迫使当局对其他政党软硬兼施，组织统一对策以压制这股威胁。

在"舰队政策"上，比洛的策略更有成效。与陆军不同，德国海军军官队伍在出身和文化氛围上往往以资产阶级为主流，因此保守派常有"可恶海军"的说法，他们认为海军不但在文化上爱好庸俗，也是鼓吹自由贸易与资本主义的急先锋。即便如此，保守派也承认，为了实现德国海外殖民的构想，海军扩张势在必行。因此，只要做出足够的妥协，政府就能为海军争取到所需的大部分拨款：海军舰队主要面对的是"如何扩张"的问题，而非"是否扩张"的问题。海军军费的来源之一是对进口商品征收的关税。1900年，比洛更进一步，以俄国疫病蔓延为借口禁止肉类进口，以讨好保守派地主阶层，确保其代表在帝国议会支持政府提出的《1902年关税法案》，以进一步提高粮食进口关税，这在理论上能增加政府收入。然而，比洛在另一个问题上暴露出了他无能的一面：作为支持《1902年关税法案》的前提，中央党要求当局设专款为孤儿寡妇提供抚恤——此时，由于天主教徒选民大量投奔社会民主党，中央党高层试图用这种慈善福利政策挽回局面。就这样，关税虽然提高了，但陆海军军费膨胀引发的财政危机并没有得到实质缓解，比洛的做法在战术上一败涂地。在1903年的"关税大选"期间，高企的食品价格令比洛的政策成为竞选话题的焦点，所有支持过当局提高关税的政党都因此失去了不少选票，社会民主党的得票率则升至惊人的31.7%。

提高关税在政治上已不可行，如何为"世界政策"日益膨胀的财政需求买单成了比洛面前的一大难题。现在，政府只能从税收上想办法，但针对商品与服务类产品征收的（类似增值税的）间接税一旦提高，势必会让工人和贫民受到更多沉重打击，因此这种税收政策绝不会得到社会民主党和中央党的支持。很多自由派选民已对关税壁垒引起的物价飞涨感到强烈不满，也不会允许自由派政党支持火上浇油的税收政策。因此，政府只能对富人征税。1906年，比洛提出的一项包括累进式遗产税在内的财政改革计划终于得到议会多数支持。吊诡的是，这一次"共识政策"不再是比洛联合保守派政党对抗社会民主党及其盟友，反而是比洛与社会民主党携手压制了保守派。帝国议会有史以来第一次做出了有利于大多数民众，但牺牲精英利益的决定。贵族地主阶层被迫将一部分财富交给国家，以填补养老年金、社会福利和普及教育的开支。政府还同意为帝国议会议员支付薪水,让他们得以在经济上独立。当德国政府在非洲殖民地残酷镇压赫雷罗与纳马部族的起义时,社会民主党与中央党拒绝在议会为殖民事业的相关预算放行,要求政府允许帝国议会对殖民活动开支的具体用途拥有话语权。比洛的政策可谓"把民主政治的精灵从瓶子里放了出来"。[38]

1906年底,食品价格一度走低,民众的不满也开始缓和。比洛狡猾地利用这一机会解散帝国议会,提前大选。在民意普遍支持殖民扩张的背景下,社会主义者的主张没能赢得广泛支持。比洛将这场大选渲染成关乎德国殖民事业的全民公投,得到了选民的热烈回应:亲政府的各党表现强劲,社会民主党则损失了近半数议席。当局在帝国议会内建立共识的难度突然大幅降低,比洛得以建立了第一个正式的执政联盟,即所谓"比洛集团"。利用他们唯一的共识——"世界政策","比洛集团"将彼此不睦的保守派和自由派政党联合起来。无论是出于意识形态(保守派)还是经济(自由派)上的原因,两派都希望德国在世界上扩大影响力。但在其他领域,两派在立法时都要经过一番艰难博弈。自由派争取到了允许女性加入政治团体的法律,而作为交换,保守派得以通过使波兰裔地主产权更容易被剥夺的政策。就这样,除了"世界强权"的雄心之外,德国政局只能漫无目的地不断徘徊。1909年,随着"世界政策"迫使当局推动进一步的财政改革,保守派与自由派在征税方式的问题上发生决裂,"比洛集团"终告解体。在彻底失去对帝国议会的掌控后,比洛的宰相任期无以为继，于是他递交辞呈，在1909年7月7日由他的副手接任宰相一职。

特奥巴尔德·冯·贝特曼-霍尔维格个性谦和、忠实而镇静，与威廉皇帝私交甚笃，也得到"廷臣党"成员的推荐与支持。从俾斯麦下野时起，弗里德里希·奥古斯特·冯·荷尔斯泰因便在幕后多方运作，试图把他推上宰相之位。贝特曼-霍尔维格上任之后的任务是平息帝国议会的乱局，为填补飞速增长的军费与殖民活动开支寻找可行的财政方案。米夏埃尔·施蒂默尔曾称贝特曼-霍尔维格为"哈姆雷特式的人物"，[39]这一形容可谓恰如其分。贝特曼-霍尔维格的确颇具悲剧色彩：他虽富于才智，具备政治家的敏锐性，却无法抵挡时局的潮流。他自知前途多舛，哭泣着恳求比洛劝皇帝不要任命自己为下一任宰相。"只有天才或是疯狂的野心家才想当帝国宰相，"他曾对一位同僚哀叹道，"而我两者都不是。"[40]不过，作为一名普鲁士公务员，忠诚、责任与尊严意识已深植在贝特曼-霍尔维格的人格中，一旦决策已定，他便毫无怨言地接过了宰相的重担。

担任副宰相期间，贝特曼-霍尔维格曾参与建立"比洛集团"。为恢复这一联盟，他就任宰相后推动了审慎的改革政策。此时，普鲁士王国议会中早已过时的三级投票制正受到人们的强烈质疑。这一制度下，选票之间有着不同的比重，在这个城镇化快速推进、社会民主党的无产阶级支持者不断增长的王国中放大了保守派的权力，使其继续掌权，并通过对普鲁士王国的控制主宰着帝国参议院。因此，对普鲁士王国投票制度的任何改动都将左右整个帝国的政治路线,但支持社会民主党的游行集会与罢工日趋频繁,这一问题已不能再搁置。因此,既要避免游行罢工恶化成为内战,同时又要为威廉二世的军事与殖民野心买单的政府必须推动一些社会和政治体制上的改革。1910年,贝特曼-霍尔维格提议重新划定普鲁士王国的选票权重,而非彻底废除三级投票制。在新的制度下,军人和学者将得到更多话语权,这既对社会民主党人表达了寻求进步的姿态,又增强了支持保守派和自由派的主要群体的影响力。然而,贝特曼-霍尔维格的妥协没能说服任何一方,在艰难而激烈的辩论之后,他只得撤回提案。与此同时,关税造成的食品价格上涨、政治改革停滞和增设间接税补贴军费等情况在规模不断扩张的城市工人阶级当中引起盛怒,使社会民主党在1912年大选中成为毫无争议的赢家,在帝国议会赢得超过四分之一的议席,成为政府推动立法时必须争取的第一大党。这一局面令保守派惊恐万分,让他们在改革问题上的立场也变得更加顽固。

就这样,在"一战"爆发前的两年里,德国政治陷入僵局。克里斯托弗·诺恩曾精准地将这段时期称为"平静危机":虽然政治上没有发生明显的动荡,帝国议会的各派系却陷入了焦灼的对峙。[41] 时人对议会的僵持局面也有所了解,1912年至1914年的政局变动在当时就已经被视作一场政治危机。当战争在1914年夏天爆发时,不少人曾期待战争能打破德国政治中的对立,在战火的熔铸下再次唤起全德意志民族的团结精神,使德国政界的裂痕再次被弥合。很多德国人的耳边再次响起俾斯麦的那句名言：" 当前重大问题的解决，靠的不应是演说和多数决议……而是铁与血。"

丑闻缠身的皇帝

无论在时人还是后人看来，威廉二世其人都是一个离奇而有趣的话题。一部成书于威廉二世在世之时的英国传记曾称他为"引人注目的怪物"，[42] 而在同情者眼里，威廉二世充满悲情色彩，不断被身边人误解、操纵，沦为时局中的一枚棋子。对威廉二世态度更严苛的评论者往往批评他是自大狂：1894年，历史学家路德维希·奎德曾将威廉描绘成当代版卡利古拉[43]，但这一说法过于浅薄，虽广为人知，但并不中肯；公务员出身的赫尔曼·卢茨也对威廉皇帝的"间歇性疯癫"有过评述。[44] 无论如何，即便外部评价褒贬不一，威廉二世的存在都难以忽视。威廉二世的祖父和父亲虽有不错的口才，但大体上只会在正式场合对公众宣读预先写好的演讲稿。相比之下，威廉二世本人热衷于媒体曝光，对待新闻界的态度可谓领先一时。他不知疲倦地访问各地城镇，让尽可能多的人目睹自己的形象。仅在1897年至1902年间，威廉二世就曾巡访233次，到访123座城镇。[445] 他发表的演说在事后会通过报纸报道传遍全国，突破地域限制扩散其访问的影响力。而出于对媒体形象的敏感，威廉有时会一连数小时阅览报纸，查看其中的文章对自己有何评论。如果发现了细微的不准确或过度润饰之处,他都会大感沮丧。

威廉二世不但渴望公开曝光,并对曝光的风险十分敏感,还"十分不擅长以皇帝的身份开展公共交流"(克里斯托弗·克拉克语),[46]这三点一旦同时发作,就可能带来不幸的结果。威廉一世和弗里德里希三世深知现代君主的职责是扮演国家代表,而起草讲稿、制定政策和建立外交体系的工作应该交给专业人士打理。然而,威廉二世天真地以为自己可以恢复古代君主的权势与威严——当时的一名宫廷侍臣曾说过,威廉二世的"心中总有一部分属于中世纪"。[47]因此,威廉二世频繁干预内政外交事务,令那些希望减轻皇帝影响的人战战兢兢。威廉追求独立行动,希望与臣民直接沟通,但他永远找不到正确的口径与姿态,不懂得遣词酌句,或是用恰当的比喻来传达自己想要表达的信息,这不免令人联想到当代某些不满意幕僚团队打造的中庸形象,执意用社交媒体直接对民众发声的政治家。正如当代政坛的宣传专家和发言人仓皇发布公开声明,"澄清"领导者言论,试图减少负面影响的滑稽场面一样,德意志帝国的外交官们也曾经匆忙发送电报安抚被皇帝言论激怒的外国政要,比洛还会在威廉二世的讲稿刊报前紧急发布修订后的版本,以掩盖皇帝的真实发言内容。

自即位之初,威廉二世便注定要丑闻缠身。他的即兴演说不但没有专业写手起草讲稿,也常常缺少事先计划。威廉二世最臭名昭著的即兴演说当数1900年在不来梅港为赴中国镇压义和团运动的德国远征军发表的"匈人演说"。随着德国媒体以充满种族偏见的口吻散播中国本地起义军攻击德国殖民者的消息,威廉二世误判了民众的情绪（这是他常犯的错误），以为自己可以代表全体德国人发出沙文主义的狂热叫嚣：

> 你们要见敌必克！对敌人格杀勿论，不要留俘虏！任何人只要落入你们手中，就没有了生命权。就像1000年前的匈人在阿提拉王手下杀出了长存史册的剽悍名声，愿你们也能让"德意志"之名长存于中国历史，让中国人从此再也不敢直面德意志人。[48]

用入侵和平社会、大肆奸淫掳掠的游牧部族打比方，显然不应出自一位现代欧洲国家的最高军事统帅之口。"匈人演说"至少构成了对历史的错误类比，如果更严格地审视威廉二世的发言，也可以说他在公然鼓吹一场不合法、不人道的战争。时任外交大臣的比洛意识到这番言论必将激起广泛的抗议与嘲笑，便迅速发布了一份修订后的媒体用稿，将整个"匈人"段落删除。然而，因为威廉的演说（和他在公共场合常常暴露出的丑态一样）是向成千上万名听众直接发表的，威廉的说法很快经过口耳相传扩散开来。社会民主党党首奥古斯特·倍倍尔在帝国议会公开嘲笑皇帝讲稿的官方版本中"不知为何"缺少了关于"匈人"的那一段。在20世纪20年代，比洛承认这是威廉二世最糟糕的演说——在"一战"期间英国人就将德国人称作"匈人"，比洛的评价不免受此影响。

拙于口舌，却对个人形象极为敏感的威廉二世逐渐沦为被嘲弄的对象，这是俾斯麦和威廉一世都不曾经历过的。政治讽刺漫画常常把他描绘得天真幼稚，就连那副每天都需要大量时间精心打理的胡子也成为绝佳的挖苦对象。到1907年，威廉二世已经得到了狂妄乖戾、时而犯傻的年轻君主的公众形象，与其备受尊敬的祖父威廉一世形成了鲜明对照。不过，共和主义在此时的德国还只是一种边缘化的激进思想，大多数德国人依旧支持君主制，也在内心接受了威廉这位乖张皇帝的存在。

然而，1907年到1908年间的一系列丑闻在规模和影响上远远超过了此前的风波，对威廉二世的威望和地位造成了空前沉重的打击。一切始于记者马克西米利安·哈登（Maximilian Harden）在1907年4月到11月间发表的系列文章，他抨击威廉二世及其亲信怀有和平主义倾向，削弱了德国在国际舞台上的地位。为了增强指控的分量，哈登还迎合了时人将同性恋视作道德污点的观念，指控奥伊伦堡伯爵、比洛等皇帝近臣行此伤风败俗之事，还臆测他们在利本贝格别墅的聚会实为同性滥交。哈登还发现，在德国因第一次摩洛哥危机受辱后不久，法国外交官雷蒙·勒孔特曾到利本贝格参加了一场私人宴会，这进一步坐实了他的恐惧：威廉的朋友们显然在与法国人合谋，让皇帝和他的帝国蒙羞。他宣称这群娘娘腔私人顾问正在误导威廉二世的外交政策，皇帝必须与这些人拉开距离。哈登撰写报道、绘制讽刺漫画的风格日趋尖刻直白，最终不可避免地吸引了威廉二世的注意。对公众看法极为敏感的皇帝无法坐视事态发展，要求法庭审理（刑法第175条将同性恋列为犯罪行为）。最终，所有被哈登指控的人都被判无罪，但这反而酿成大错：原本由一份政治杂志挑起的短命谣言一跃成为五场司法案件，不仅吸引了大量公众关注，还使谣言持续了两年之久，针对奥伊伦堡伯爵的调查更是直到他1921年去世时仍未结束。为保全自己的声名，威廉二世试图与所有被指控者切断联系，他要求比洛在时机成熟时尽快辞去宰相一职，还与昵称"菲利"的奥伊伦堡伯爵断绝了多年以来的亲密友谊。虽然对近臣圈子颇有感情，但皇帝本已背负了许多情感绯闻（甚至包括私生子女），在世人看来他不太可能突然又出现同性恋情，因此当时很少有人相信皇帝与这些同性恋指控直接相关。奥伊伦堡伯爵之妻曾抱怨说："（谣言攻击的）目标明明是皇帝，挨打的却是我丈夫。"奥伊伦堡丑闻对威廉本人名声的冲击诚然有限，但在政治上的影响却非同小可。在失去所有政治与个人情感的支撑后，陷入不安的威廉二世被迫寻求新的顾问队伍，最终导致大量军方人士进入宫廷。就这样，哈登无意间把威廉二世推进了普鲁士鹰派军人的怀抱，他们多年以来一直宣称欧洲战争不可避免，认为俾斯麦和卡普里维的谨慎外交必然徒劳无功。现在，皇帝的脑海中填满了关于德国如何强盛、海权如何重要，以及民族国家存亡斗争如何残酷的故事。因此，哈登在"一战"结束后的回忆中反思称，挑起奥伊伦堡丑闻是自己人生中最大的政治错误。

1908年，威廉二世被直接卷入了一场更严重的政治危机。当年10月28日，英国《每日电讯报》刊登了一篇威廉二世的访谈，在德国引发众怒。不到一年前，威廉二世曾在英格兰多塞特郡海克利夫城堡度过三周的假期,其间他与东道主爱德华·蒙塔古-斯图亚特-沃特利聊到英德关系问题。事后,爱德华将谈话以访谈形式整理概括,随即投稿给报社,报社方面则根据采编纪律,将一份稿件副本发往柏林寻求确认。正因奥伊伦堡丑闻焦头烂额的威廉二世将此事交给比洛及其手下官僚全权处理,希望他们能动用政治和外交手腕妥善应对。但据研究比洛的专家彼得·温岑考证,当时比洛正在度假,没有亲自读过稿件内容,而是将此事交给同样在度假的新闻官奥托·哈曼处理。结果这份稿件最终落入一名基层文员手中,但他不敢擅自修改皇帝本人的言论,便直接予以批准。就这样,威廉二世在度假期间的私人谈话赤裸裸地见诸报端,引起舆论轰动。这份访谈稿中不但有那句恶名远扬的"你们英国人疯了,都疯了,像三月的兔子一样疯",还令读者怀疑威廉二世其实是当时德国国内为数不多的亲英派——在"舰队政策"甚嚣尘上的时代,这个指控是十分严重的。除此之外,威廉二世还在谈话中宣称英国人靠他的战略想法才打赢了布尔战争,说德国的亚洲政策主要针对日本而非英国,还夸下海口,称自己曾一手阻止法国和俄国联手干预英国在南非的殖民利益。就这样,威廉二世同时得罪了欧洲大多数国家及其领导者,得罪了日本、整个德国政界,还有一向只能看见皇帝反英那一面的德国民众。

  随着访谈危机爆发,比洛的宰相任期终于走到尽头。此时的比洛不但被奥伊伦堡丑闻牵连,还失去了皇帝的信任,因此提出辞职,由副手特奥巴尔德·贝特曼-霍尔维格接替。这场风波在威廉二世心中留下了巨大的阴影：自己明明没有做任何错事，却遭人背叛，这样的经历让他深感孤立无援，陷入了长达两周的严重抑郁，背负着沉重的精神负担。终于，在多瑙埃兴根的狩猎聚会期间，一场怪异的景象成了压垮皇帝意志力的最后一根稻草。当时，威廉的朋友迪特里希·冯·许尔森-黑泽勒（Dietrich von Hülsen-Haeseler）将军打扮成芭蕾舞女演员，想逗皇帝开心。这位老者穿起粉红色舞裙，笨拙地旋转起壮硕的身体，令威廉和宾客们乐不可支，但就在皇帝似乎走出阴霾、欢呼大笑的时候，将军却突发心脏病，捂着胸口痛苦倒地，当场死亡。房间里的众人面面相觑，一言不发。媒体将会怎样报道这起事件？在奥伊伦堡风波尚未平息之际发生这桩悲剧，会造成怎样的影响？人们迅速从将军的遗体上脱下芭蕾舞裙，掩盖了他病死时的尴尬情形，最终息事宁人。但威廉的心理已经不起如此打击，迎来彻底的崩溃。在好不容易重振精神之后，他发现公众对自己的信任已一落千丈，担心再有一场危机，德国君主制的衰落将无法挽回。因此，他选择保持低调，一连数月没有传出任何公开消息。直到1910年夏天，他才再次发表正式演说，在那之后，他在公共场合的姿态变得更加低调、更加循规蹈矩。1909年至1914年间，威廉基本没有受到公众事件影响，但他的信心此时已一蹶不振，开始任凭新崛起的顾问们游说摆布。

就这样，在第一次世界大战爆发前的最后几年里，德国政局在缺乏领导者的情况下陷入梦游状态。帝国宰相贝特曼-霍尔维格缺乏干劲，既不想背负宰相的重担，也对德国的政治未来缺乏构思，受到重挫、意志消沉的皇帝威廉二世也无法对他做出任何指示。此时的皇帝既没有政治顾问在侧，又永远地失去了从前的导师俾斯麦，也几乎没有多少朋友。经济繁荣、武力强盛的德意志帝国只得在顶层政治权力真空的情况下面对诸多国内矛盾和国际冲突。汉斯-乌尔里希·韦勒曾将第一次世界大战称为德国"以进为退的出路"，[49] 而在 1914 年，战争似乎确实成了这个国家走出政治死局的唯一办法。舞台已经搭好，只等军方势力走出幕后，来到政治舞台的聚光灯下。

第五章

大灾难：
1914—1918

"总有一天，巴尔干的那些蠢事会把欧洲拖入一场大战。"

——奥托·冯·俾斯麦

1914 年的精神

在萨拉热窝，1914 年 6 月 28 日原本是个明媚的夏日。奥匈帝国皇储弗朗茨·斐迪南大公与霍恩贝格女公爵索菲亚夫妻应邀在波斯尼亚与黑塞哥维那地区首府检阅军事演习。在其他层面上，这场活动也意义非凡：6 月 28 日是塞尔维亚人重要的宗教和民族节日圣维杜斯节（vidovdan）。弗朗茨·斐迪南大公乐于在波斯尼亚与黑塞哥维那地区宣扬奥地利的正面形象，标榜自己的改革派立场，积极寻求以最佳面貌示人。6 月 28 日也是大公夫妇结婚 14 周年纪念日，他们借此机会得以久违地在公开场合进行结婚纪念。因为索菲亚的身份与奥匈帝国的继承人并不般配，宫廷法度禁止她出席大部分公开活动。出于爱情，弗朗茨·斐迪南大公坚决娶她为妻，但不得不承认他与索菲亚生下的所有子女都无法拥有皇位继承权，因此他是以断绝自己的直系继承权为代价与索菲亚结为连理的。而在萨拉热窝，由于斐迪南不是以皇储，而是以军事将领身份观战，他和索菲亚可以利用这个宝贵的机会抛下宫廷社会的指指点点，一同在公众面前现身，而不必担心给人们留下索菲亚试图染指皇后地位的印象。

在仪仗队伍的伴随下，皇储夫妇乘坐一辆敞篷车前往萨拉热窝市政厅，途中遭到 19 岁的激进分子内德里科·查布里诺维奇投掷手榴弹袭击。皇储座驾上的司机看到异物飞来时迅速避让，手榴弹最终击中邻车，炸伤 16 人。毫发无伤的皇储夫妇加速赶往市政厅，按捺住内心的不安，在简短而尴尬的仪式后又起程赶往医院，慰问暗杀未遂事件中的伤者。

如果皇储的司机没有拐错弯，萨拉热窝的 6 月 28 日或许就会在平静中度过。发现路线有误后，站在车旁踏板上掩护皇储的副官要求司机停下并倒车，司机随即踩下刹车。随后发生的事情堪称近代欧洲历史上最具悲剧色彩的巧合：皇储夫妇的车正好停在加夫里洛·普林西普面前，而此人正是策划这次暗杀的"黑手团"成员，当他已放弃希望时，命运的巧合却将刺杀目标送到了他面前。当同志投出的手榴弹与皇储夫妇擦肩而过时，普林西普正在路边的一间熟食店外，沮丧地看着暗杀计划功亏一篑。但此时，皇储夫妇近在眼前，普林西普再次相信命运待自己不薄。专车司机总是挂不上倒挡，发动机桀骜不驯地轰鸣着，急着赶路的皇储在座位上抱怨不休。普林西普正面临着绝佳的机会。

他掏出手枪,走到车前,眼中闪烁着狂喜的光芒。一枪,两枪。在被皇储的随从制服前,他两次扣动扳机。索菲亚朝丈夫看去,发现他的颈部被子弹击穿,鲜血大量涌出。皇储看着爱妻美丽的脸庞上失去血色,喊道:"不要死,索菲亚!为了我们的孩子,你要活下去!"两人都没有注意到,普林西普的第二发子弹已击中索菲亚腹部。皇储夫妇在一小时内双双身亡。

萨拉热窝事件引起的连锁反应最终引发了世界历史上前所未有的一场大战。到1914年夏天,诸多高度军事化的工业大国间错综复杂的关系已令欧洲的局势一触即发,斐迪南大公的遇刺成了引爆一切的导火索。第一次世界大战最终将导致4000万人伤亡,让欧洲经济迎来浩劫,带来超乎人们想象的人间苦难。德意志帝国也将在这场战争中走向灭亡。

奥匈皇储遇刺的消息传来时,威廉二世正在皇家邮轮"霍亨索伦号"上。威廉二世喜欢在夏天乘这艘船短途出海,或是到更遥远的挪威度假。1914年6月28日,皇帝正在甲板上为高级军官及其家属主持茶会,就在此时,他接到了一份命运攸关的电报,得知自己的朋友弗朗茨·斐迪南大公遇刺身亡,便立刻赶回柏林处理后续事务。从皇帝本人的言论和相关文件边角上的批注来看,他无疑认为奥方对塞尔维亚追究责任是正当而理应受到支持的。威廉曾表示"必须把塞尔维亚人彻底收拾一顿,越早越好",[1]常有人据此指责威廉试图挑起一场大战。但当时的皇帝更有可能认为,奥匈帝国和塞尔维亚之间爆发的只是一场规模有限的地区性冲突,不会升级为欧洲大战。虽然威廉曾向普鲁士

第五章 大灾难:1914—1918

王国陆军大臣埃里希·冯·法金汉询问军队的备战状况（无论外交交涉结果如何），但他当时仍试图让俄国等其他欧洲国家置身事外。正是在这一战略考量的背景下，威廉二世才给出了著名的"空白支票"，承诺为奥匈帝国提供军事支持。他认为，如果以德意志帝国规模居世界第二（仅次于俄国）、技术实力世界第一的强大陆军充当奥匈帝国对塞尔维亚开战的后盾，俄国就不敢介入，这场地区性冲突也就不会进一步扩大。事实上，威廉一度以为问题已经得到解决，他在7月6日按原计划踏上挪威航海之旅，和心爱的宠物腊肠犬赫克塞与达赫一道度暑假去了——这显然不是一个好战分子在史无前例的世界大战爆发前会有的表现。

威廉二世的军事顾问们无疑预见到萨拉热窝事件可能引发更大规模的冲突，但他们选择接受这一风险，甚至还有人积极地推动事态升级。多年以来，总参谋长赫尔穆特·冯·毛奇曾不断主张，欧洲地缘政治格局的重心正在东移。这位秃顶将军自诩为当代首屈一指的战略家，却始终走不出那位与他同名的叔父老毛奇盛名的阴影。老毛奇曾任普鲁士陆军总参谋长30年之久，在1870年赢得了普法战争，将普鲁士陆军一手打造成具备现代化战略与技术能力的军事力量。而在他的侄子"小毛奇"（这是赫尔穆特·冯·毛奇的自称，以此与自己的叔父相区分）看来，1914年的事变正是自己登上历史舞台的良机。他向威廉二世警告，俄国军队的"压路机"一旦全面开动，将会释放出压倒性的兵力，如果德国到那时再行动，便为时已晚。因此，小毛奇在1914年7月建议："机不可失！"[2] 军界精英集团长期以来一直相信欧洲大战终将爆发，问题不在"是否会爆发"，而是"何时爆发"。

出于对俾斯麦所谓"联盟的噩梦"的顾虑，德军高层长期以来便以两线作战为前提规划战争方案。1891年就任总参谋长后，阿尔弗雷德·冯·施里芬（Alfred von Schlieffen）花费多年时间，终于制订出一份可以同时对付法国与俄国，又能两线获胜的战争计划。到1906年小毛奇接任总参谋长一职时，施里芬计划已经过数次修订，但核心思想没有变：如果对法俄两线作战不可避免，德国将首先集中压倒性力量攻击法国，然后将主力转移至东线，对抗规模更大但动员效率更低的俄军。与施里芬相比，小毛奇对法俄军队的实力更加不安。他认为，与之前相比，法俄陆军的规模有所扩大，动员效率也有所提升。德国万一在战争将至时留给法俄任何快速反应的机会，法军就能通过强力抵抗耗尽德军宝贵的时间，让俄军及时从东线发起攻势。在军方决策者看来，对法国展开先发制人的打击固然极具风险，却是德国赢得欧洲大战的唯一合理选项。

7月28日，结束了海上假期的威廉二世得知奥匈帝国已对塞尔维亚宣战。欧洲各国都根据战争爆发时的常规流程做出了回应。英国政府向贝特曼-霍尔维格表示，英国最终很可能出于义务支持法国与俄国，难以在此事中保持中立。随着俄国在7月30日下达总动员令，小毛奇多年以来的预言似乎正成为现实。施里芬计划要求德国分秒必争，如果给法俄留下任何余地，德国都将陷入凶多吉少的两线作战困局。只有对法国展开先发打击，才能突破困境。因此,德国在8月1日对俄国宣战,又在两天后对与巴尔干冲突全无直接关联的法国宣战。8月4日,英国对德宣战。第一次世界大战就此爆发。

德意志帝国海军内阁总长格奥尔格·亚历山大·冯·穆勒[*]曾在日记里写道:"情绪热烈。政府出色地把我国塑造成了被攻击的一方。"[3]这段话充分表明了军方高层对德国官方口径中所谓"防御性战争"的真实态度,也准确地描述了当时的公众舆论。贝特曼-霍尔维格让大部分帝国议会议员与德国国民相信,德国才是这场战争中的受害方。柏林和德国其他城镇都爆发了大规模和平游行,但示威者主要指责奥匈帝国(以及负有部分责任的俄国)对萨拉热窝事件大做文章,蓄意挑起战争。正如史学家杰弗里·维尔黑阐述的那样,认为德国上下在战争爆发时陷入集体狂热的说法并不成立,当时的许多德国人都对战争感到不安,也不愿为欧洲的大国政治流血牺牲。即便如此,官方为德国塑造的被攻击方形象激起了抗争性的爱国情绪,即所谓"八月体验"(Augusterlebnis)。如汉斯-乌尔里希·塔默所言,当时德国社会的情绪"充满矛盾,既有浩劫将至的警惕,也有希望,寄予了个人的期许与向往"。[4]但很多人更愿意相信,这场战争是被强加于德国的试炼,是祖国证明自身实力的良机。

防御性战争的幻想在政治上意义重大,必须尽一切努力予以

---

[*] 原文误作历史学家"卡尔·亚历山大·冯·穆勒"(Karl Alexander von Müller)。——译者注

维持。1870年的俾斯麦在挑起普法战争时就明白这一点,1914年8月德国政府的大部分当权者也是如此。通过营造这种想象,政府得以克服多年来困扰德国的内部分歧、矛盾与政治僵局,再次用铁与血把全体国民团结起来。在对俄宣战的1914年8月1日,威廉二世来到皇宫阳台,直接对民众发表讲话:

> 感谢大家这些天来向我展示的忠诚与爱戴。眼下正是前所未有的关键时期,一旦枪声响起,政治党派之分就将烟消云散!我也曾被一些派系针对过,但那是和平时期的事了,现在我已在心里原谅了他们。从此,我将不再有党派或信仰之分的思维方式,今天的我们都是,且只是德意志民族的同胞兄弟。如果邻国对此有意见,不愿让我们继续保持和平,我就只能祈祷上帝保佑,让我们德意志的利剑在这场血战中斩获胜利。[5]

在当时很多抱有社会达尔文主义思想的德国人看来,这场所谓的"防御性战争"无异于关乎德意志这个年轻国家存亡的斗争——和祖国的存亡相比,阶级斗争、宗教分歧和政治立场的冲突何其渺小!到1914年,德意志帝国已建立40多年,大部分德国国民都在帝国治下长大成人,认为统一的民族国家是理所当然的。所谓的"1914年精神"或许是早期史学界对开战时德国民众热情的夸大,但毫无疑问的是,在1914年8月战争爆发时,很多德国人确实被战争唤起的同胞之情、民族归属感和防御性民

第五章 大灾难:1914—1918

族主义热情所触动。威廉二世和他的政府在开战时得到了几乎百分之百的支持，尽管这样的热情并未持续太久。

简述第一次世界大战：1914—1918

　　1914年8月1日德国对俄宣战时，德军部队反而向西线调动。在军方看来，进攻法国才是最好的防守。施里芬计划认为德国应当分别击败法俄，避免两线作战，作战时间因此成为关键。早在1905年，施里芬就预计德国必须在3周内击败法国，才能赶在俄国完成总动员（预计耗时28天）前及时将主力部队调往东线。而在1914年，由于俄国在7月30日已经下达总动员令，小毛奇更要争分夺秒。此外，所有人都认同法军在法德边境的防御会拖慢德军入侵的步伐，德军决定通过比利时境内的走廊地带攻入法国。1901年的军事推演表明，德国需要动用48.5个军的力量，才能在比利时不积极抵抗、英国不参战的情况下取得成功。然而，在1914年8月2日，施里芬的继任者小毛奇在西线只用了34个军，在踏入比利时走廊之后遭到比军的顽强抵抗，而英国也在8月4日对德宣战。成千上万的新兵或丧命于比利时军队的坚固防线之前，或倒在英国远征军训练有素的步枪射击与新式维克斯机枪的火力之下，德军士气大受打击。8月23日的蒙斯战役中，德军作为进攻方蒙受了两倍于英军的人员伤亡，这些早期交锋虽未能完全阻止德军的进攻步伐，却拖慢了德国的推进速度。短短 12 天里，德军兵力就从 808 280 人猛增至 3 502 700 人，许多应征或是志愿入伍的新兵尚未适应新时代的战争条件，便匆匆走上战场。随着军纪废弛，德军犯下一些可鄙的罪行。8 月 25 日，德军进入鲁汶，屠杀了近 250 名平民，焚毁了鲁汶大学的图书馆。在 1900 年，威廉二世出言不慎，将德军比作对平民烧杀抢掠的"匈人"；随着战争爆发，将德国人称作"匈人"的说法将成为英国政治宣传的一部分，直到战争结束。

虽然英军与比利时军队顽强抵抗，德军仍在 1914 年 9 月初渡过马恩河，逼近巴黎。9 月 6 日至 12 日，法军在第一次马恩河战役（法军将领加列尼曾在此战中留下了征用巴黎出租车运送 6000 名官兵去前线的佳话）中顽强抵抗，迫使德军退到马恩河东岸构筑防线。之后的大部分时间里，两军的前线堑壕都没有发生显著变化，西线战场的标志性死亡对峙由此开始。法国不但没有在开战之初的几周里快速投降，还一直坚持到了战争结束。施里芬计划破产了。

东线战况也超出了德方的预想。德国对俄宣战后不久，东普鲁士各地便被"哥萨克要来了！"的恐慌笼罩。德国最高统帅部严重低估了俄国的动员速度，以为俄军需要好几个星期才能发起进攻，却没想到俄军在宣战 14 天后的 8 月 1 日便开始向西推进。当时德军有 7 个集团军部署在法国和比利时前线，在东线只配置了第 8 集团军，似乎难以抵挡俄国的压倒性兵力。在马祖里湖区的地形阻隔下，俄军兵分两路，以北路 19.1 万士兵与南路 20 万士兵展开进攻，直逼仅有 15.3 万兵力的德军东部战线。在此局面下，两位普鲁士将领脱颖而出，他们是当时在军界之外仍鲜为人知的保罗·冯·兴登堡和埃里希·冯·鲁登道夫。在1914年8月26日至29日的坦能堡战役中，德军取得奇迹般的胜利，歼灭俄国第2集团军，俘虏4.5万人，迫使该集团军司令萨姆索诺夫自杀。在德国人心中，这场大捷成了关于"一战"惨痛耻辱记忆中的唯一亮点，令兴登堡和鲁登道夫一跃成为德国人心目中的传奇将星，也让军方精英得以推卸责任，在20世纪20年代炮制出"刀刺在背"的恶意叙事。1914年底，德国民众已不再相信战争能在圣诞节前后结束，但因为坦能堡大捷，他们仍相信自己的国家终将得胜，尽管为此付出的代价已经超出预期。

此时，德军在西线的战况不容乐观。马恩河战役后，德军停止推进，双方不断试图包抄对方的侧翼，战线逐渐向北延伸，这一失控的局面被称为"向海峡进军"，造成了严重的人员伤亡。仅在1914年10月到11月的第一次伊普尔战役中，德军便损失逾13万人，但也未能推进战线。面对日益胶着乃至无解的战事，德国最高统帅部开始采取非人道的战争手段。1915年4月24日，德军向法军阵地散播了160吨氯气，令法军士兵饱受灼伤、严重疱疹和呼吸道损伤之苦，造成了严重恐慌。1915年1月，德军飞艇越海轰炸英国本土，这一行动得到威廉二世的明确批准，只有英国王室所在的伦敦被他要求免于轰炸——威廉二世起初不想让自己的亲戚们受炸弹威胁，但他后来也取消了这一限制。1915年5月7日，德国海军在无限制潜艇战中击沉了载有近2000名平民的英国客轮"卢西塔尼亚号"。这些残忍的行动没有多少军事价值,主要是为了打击敌国士气。提尔皮茨曾主张:"让敌人蒙受实质损失不是取胜的唯一办法,我们还可以通过消磨敌人的作战意志取得胜利。"[6] 但事实上,这些做法反而强化了德军的恶劣形象,让德国成为对手眼中试图摧毁欧洲文明准则的野蛮"匈人"。

1916 年,这场高度工业化的欧洲大战在残忍程度上更进一步。从当年 2 月到 12 月,围绕凡尔登城周边要塞的血腥争夺战在德国人的心中留下了不可磨灭的印记。在 1914 年接替小毛奇担任陆军总参谋长的埃里希·冯·法金汉投入了 2600 万发炮弹、1 万发毒气弹和 75 个师的重兵,对凡尔登的法国守军发起孤注一掷的猛攻。然而,这场战役彻底打破了用一场大捷决定胜负的设想,它注定是一场以人命为燃料的消耗战。凡尔登战役最终被士兵们称为"血肉磨坊",成为整场战争无谓残酷性的代名词。德军伤亡超过 35 万人,法军伤亡近 40 万人,但双方皆未取得决定性战果。西线的两军战区并未因此挪动,战事依旧持续,从凡尔登血战中幸存的部队留下遍布弹坑与瓦砾的焦土,开往索姆河战场接受下一场血腥考验。

为帮助守卫凡尔登的法军脱困,一支大部分由志愿新兵组成的英军部队进攻了法国北部的索姆河德军阵地。英国陆军元帅道格拉斯·黑格相信,只要投入足够多的兵力,就有机会彻底突破德军防线,用积极攻势打破僵局。然而,炮兵火力在两军前线间无人地带的泥泞山坡上留下大量弹坑,令新兵组成的英军部队举步维艰，最终成为人间地狱的牺牲品。许多英军士兵在进攻时被铁丝网困住，或被饱经战争历练的德国守军用机枪成群射倒。虽然英军在后续阶段调整了策略，还在实战中首次投入坦克，逐渐挽回局面，但整场战役还是在11月无果而终。在索姆河战役中，双方投入总兵力300万人，其中100万人伤亡，这是第一次世界大战西线战场规模最大的会战，也是人类历史上首屈一指的惨烈战役，最终却没能对战局产生任何实质影响。

与索姆河战役相比，东线的布鲁西洛夫攻势在规模上更胜一筹。协约国希望在东线和西线发起联合攻势，一举打垮同盟国，布鲁西洛夫攻势因此成为东线战场对西线凡尔登与索姆河战役的回应。以与同盟国军队大体相当的兵力，俄军从1916年6月4日开始发起进攻，令奥匈帝国军惨遭重创，在短短3天内损失20万人。这场攻势最终令参战双方损失超过100万人，但俄军最终达成了战役目标，在东线实现突破，取得了"一战"中的一场伟大胜利。惨败的奥匈帝国失去继续作战的意愿，试图说服德国同意与协约国阵营议和。德国政府勉强同意，但故意在议和问题上不做出任何具体而有诚意的承诺。1916年12月，协约国认为德国显然不愿让步，便不出意外地拒绝了同盟国的和平提议。此时，参战各国已付出了数百万人伤亡的惨痛代价，不可能轻易罢休。

1916年，德国海军与英国皇家海军本土舰队在日德兰海战中正面交火，但没能打破英国的海上封锁，结果便是德国在1916年底至1917年初的那个冬季遭遇了严重的营养不良和物资短缺问题。为打破不利局面，最高统帅部决定自1917年2月重启无限制潜艇战，允许潜艇不警告就直接攻击未经武装的商用船只。这一决定成为推动美国政府顺应长期以来支持英国的呼声，决定与德国为敌的最后一根稻草。1917年4月6日，出于对本国船只遭遇德国潜艇战攻击的不满和对"卢西塔尼亚号"事件中100多名美国公民死难的愤慨，美国正式对德宣战。随着这个超级工业大国加入协约国阵营，欧洲的僵局被迅速打破，整场战争也迎来了转折。消耗战的胜负取决于交战各方可动用的全部人力物力，以及投入资源的意愿；而在战争开始后的第三年突然加入战场的美国没有背负凡尔登与索姆河的痛苦记忆，也没有经历过恐怖的东线战事。1918年夏天，约200万美军抵达欧洲，对抗斗志日渐消沉的德军。随着俄国在1917年十月革命之后退出战争，德国国内对帝国当局的不满情绪也在酝酿，自觉腹背受敌的军方决定不惜代价进行最后一搏，力图在战争中多少取得些成果。1918年初，德军发起了最后一次决定性攻势。

1918年1月，伍德罗·威尔逊在美国国会提出十四点原则，试图为和平指明道路。就在同一天，列夫·托洛茨基开始与德国议和，试图让苏联从这场战争中脱身。1918年3月3日，同盟国与苏联签订了《布列斯特-立托夫斯克和约》，在这一成就的鼓舞下，德意志帝国政府拒绝了威尔逊的和平提议。如果接受十四点原则，德国将失去在东欧取得的大片土地，这是德国不愿接受的。《布列斯特-立托夫斯克和约》让德国得以在从乌克兰到波罗的海的广阔东欧地区设置卫星国，俄国割让了超过一半的工业产能和近三分之一的人口。[7]在最高统帅部看来，德国以高昂代价换来的这些战果绝不可以被放弃。

德国军方的坚持一度似乎迎来了成功的曙光。3周后的1918年3月21日，德军发动春季攻势，初期成效不俗。为鼓舞士气，这场攻势被宣传为结束战争的最后一场大战，还被称作"皇帝会战"（Kaiserschlacht）。德军在西线一度推进了60千米，俘虏9万名协约国士兵，但因后勤补给严重不继，德军不得不停止进攻。7月，协约国发起反攻，将德军战线迅速逼回1914年9月的位置，将4年间数百万人为之丧生的战局推回原点。9月29日，兴登堡和鲁登道夫终于接受现实，要求政府谈判停火。1918年11月11日，同盟国与协约国终于签订停火协议，德意志帝国的灭亡也由此注定。

沉默独裁

1914年8月6日，威廉二世在一场呼吁国民联合抗击外敌侵犯的演说中宣告："团结的德意志从未被击败。"他宣称，德意志祖国正在遭受"遍布世界的敌人"暗算，眼下的斗争直接关系到"帝国的存亡"。[8]然而，虽然德国社会广泛支持官方的殖民政策，但是单纯的扩张主义毕竟还是不同于为战争流血牺牲。农民们担心自家马匹被征用，妇女们担心儿子和丈夫应征参战，城市居民害怕粮食供给中断。为了鼓舞国民甘于牺牲的精神，当局必须维持一种国家正在进行防御战争，甚至正在遭受多方围攻的印象。在这一点上，皇帝和他的政府取得了惊人的成功。当时的一名评论者曾说："你总能听到这样的说法：'假如皇帝能避免战争爆发，他一定已经尽力阻止了。'"[9] 威廉二世在1914年开战之初受到广泛而热烈的拥戴。即便在新闻审查开始运作之前，报界就已经近乎众口一词地宣扬，皇帝与国民的关系在战争面前变得更加紧密了。

帝国议会也受到了当时国民团结气氛的影响。8月4日，威廉对帝国议会议员们发表了那篇著名的讲话："我将不再有党派或信仰之分的思维方式，今天的我们都是……德意志民族的同胞兄弟。"随后，他请求议员们发誓，"无论来自什么政党、何种阶层、哪种教派，（你们）都决心与我共同面对坎坷、苦难与死亡"，[10] 出人意料的是，包括社会民主党在内的所有政党都同意起誓。社会民主党的议会党团领袖胡戈·哈阿泽（Hugo Hasse）还发表了激情洋溢的演说，称该党"绝不会在最紧迫的时刻令祖国失望"。[11] 他宣称自己对这场因欧洲列强帝国主义野心而起的战争感到遗憾，但事已至此，德意志必须保卫自己。他还宣称，沙皇俄国的专制统治是这场战争中尤为突出的斗争对象，这与工人阶级运动的国际性没有矛盾。就这样，包括社会民主党在内的所有议会党派都对政府发行战争公债的提议表示支持，让贝特曼-霍尔维格宰相松了一口气。毕竟，只要社会民主党有一点不满，拥有300万成员的德国工会就会行动起来，对德国的作战力量造成沉重打击。自1913年经济危机以来，大规模罢工与示

第五章　大灾难：1914—1918

威游行已在德国境内广泛扩散达两年之久。工会运动的激进派曾号召发起总罢工,但此时,德国的基层工人阶级和代表他们的政客似乎都对这种抵抗行为缺乏兴趣。

开战之初,德国社会的短暂和平局面曾被称为"城堡和平"(Burgfrieden),德意志作为被围困的"城堡"形象是德国政府拼命试图维持的公众印象。无论"城堡"的居民之间有多少分歧、隔阂,他们终将在民族存亡的斗争中放下所有矛盾。因此,帝国议会通过了一份《授权法》,自愿放弃一切权力。选举和竞选活动宣告中止,议会议事也无限延期。工会承诺在战争期间停止一切罢工活动,国家日常财政事务也交由各皇家委员会管理。贝特曼-霍尔维格再也不用与议会进行艰难博弈,可以直接与各党派及各委员会的成员单独进行非正式谈话。德国民主政治就此暂停运转。

政界的善意妥协使军方得以将权力触手伸向中央及地方政府事务的各个角落。利用帝国宪法第68条规定,军方夺取了行政权。和平时期,德意志帝国被划分为25个军区,作为征兵和军官培训的基础单位。[12]但现在,军区长官成为其所在军区的政务首脑,只对皇帝直接负责,这意味着军队在完全合法的情况下彻底排除了帝国议会、宰相、各政府部门和其他宪法架构的约束,控制着包括警察、安保、新闻审查、食品供给、教育、运输在内的所有行政职权。

在新闻审查制度下,德国公众对前线的认识受到极大歪曲。德国公众之所以支持战争,是因为他们相信这场战争不但是防御性的，而且很快就会结束。军方通过不断发布的新闻稿营造出德国军队节节胜利的印象，考虑到即将攻克巴黎的前景，西线战场的僵持局面似乎也不那么令人沮丧了。关于个人英雄的报道盖过了对伤亡数字的统计，就连威廉二世本人也受到蒙蔽。在柏林大本营的高墙后，他曾天真地吹嘘着"一位中士用45发子弹打死了27个法国人"，"尸体堆了6英尺高"。[13] 军方的"沉默独裁"直到1916年都未引起外界质疑，就连社会民主党也对此表示支持：到1916年时，该党只有五分之一的党员要求尽快结束战争。[14]

如克里斯托弗·克拉克所述，威廉二世本人的地位在这一时期也逐渐被边缘化。在制度上，皇帝作为德国武装力量的最高统帅，理应负责宏观战略目标的决策，主持协调陆军与海军的行动，但威廉二世知道自己毫无战略才能（尽管施里芬在威廉二世参加的每次兵棋推演中都让皇帝获胜），因此自愿将军事决策权先后交给毛奇与法金汉。然而，出于对皇帝在战时精神状况的顾虑，这两位总参谋长在向他汇报战况时多少都有所隐瞒。

在东线的坦能堡大捷之后，保罗·冯·兴登堡成为德国公认的战争英雄。他的影响力不断上升，甚至超过了皇帝本人，满足了"一些人对所谓'元首'，即无论于敌于友都能任意施展绝对权威的领袖的向往"。身高6英尺5英寸（约1.95米）的兴登堡身材魁梧，面容棱角分明，极具辨识度，德国留下了大量纪念他的绘画、雕塑和纪念碑。因此，当兴登堡于1916年成为德国最高统帅部的实际领导者，主持德国战争事务时，他的个人形象可以轻易地被用作进一步侵蚀民主和公民权利的旗帜。兴登堡与副手鲁登道夫一起攫取了广泛的政治权力，几可无视皇帝、宰相、帝国议会及其他任何势力的意见行事。"沉默独裁"至此宣告完成。

1916年9月启动的所谓"兴登堡计划"在事实上建立了一套指令经济体系，其目的只是为了满足所谓"总体战"对资源的无限需求。由于无法打破英国的海上封锁，德国内部食品及其他必要产品的供应在1916年前已面临严重短缺。但现在，当局进一步加强了征用物资的力度，令平民陷于饥饿。另一方面，德国在1916年的战事中蒙受了尤为惨重的人员损失，近百万人伤亡，即便是新闻审查制度也难以阻止越来越多伤残军人出现在后方，越来越多的战死军人的妻儿收到致哀信，以及越来越多从前线寄来的充斥着士兵绝望情绪的明信片。公众的情绪逐渐逼近临界点，1914年的团结"城堡"即将分崩离析。

德国工人率先打破了工会和政府间的停战默契。在1916年底到1917年初的惨淡冬季，工人阶级处境日益恶化，这迫使他们组织了大规模罢工抗议，就连军火工厂也受到波及。由于合法取得的粮食实在不足，更高的工资至少能让工人们在黑市上买到更多食品。然而，兴登堡的英雄形象到此时仍未被动摇，当他要求重启无限制潜艇战，打破英国对德海上封锁时，时人还相信这是他体谅德国工人生活困苦的表现。尽管担心美国可能对德宣战，但德国各政党也对重启无限制潜艇战一事表示支持。当1917年4月美国正式对德开战时，德国已没有任何胜算，这一点是很多人事先已经知晓的。为了应对美国的参战,德国军方进一步收紧了物资配给份额,试图与美国为协约国带来的充沛后勤物资相抗衡,结果引发了前所未有的强烈不满。工人组织大规模罢工,越来越多的人呼吁政府通过谈判,在不占领任何土地的情况下缔结和平。敢于直言的中央党政客兼记者马蒂亚斯·埃茨贝格尔在1917年7月6日在帝国议会上慷慨陈词,极为缜密地陈述了德国当前的绝望处境。他指出,德国唯一的出路是与协约国议和,如有必要则应做出妥协。两个星期后,他正式将这一主张作为《和平决议》提交帝国议会讨论,最终于7月19日以212票对126票的多数通过。然而,兴登堡、鲁登道夫与皇帝的长子威廉皇储无视民选议员的意见,共同谋划将责任推卸给从一开始就对无限制潜艇战怀有疑虑的宰相贝特曼-霍尔维格,最终迫使他下台。值得注意的是,在贝特曼-霍尔维格下台后,军方与各政党都没有提出继任的宰相人选。军方如此作为是因为他们根本就蔑视民主政治制度,各政党则是因害怕在当前的逆境下背负宰相重担而退缩。最终,威廉二世出面,任命忠实的官僚格奥尔格·米夏埃利斯担任宰相,但此人在1917年10月便因议会通过不信任动议下台,被中央党出身的政治家格奥尔格·冯·赫特林取代。《和平决议》继续遭遇冷落,其发起人马蒂亚斯·埃茨贝格尔被视为叛徒,在1921年某日出门散步时惨遭杀害。一些幸灾乐祸的媒体撰文讥讽他:"他肥得像一颗子弹,但显然没法防弹。"德国的政治由此开始朝丑恶的方向发展。

这一时期帝国议会的大部分议员都呼吁尽快结束战争,但在其他问题上，各党派仍意见不一。中央党只想寻求尽快实现和平，自由党进一步呼吁废除普鲁士王国的三级选举制度，社会民主党在上述两党诉求的基础上还要求政府推动社会改革。社会民主党内部此时也发生了严重分裂。是与政府合作推动改革，还是发动革命挑战政府，这一长期困扰社会民主党的路线分歧在战争中趋于白热化。现在，与政府合作意味着支持政府继续进行这场造成前线数百万人伤亡、使后方无数平民挨饿的战争；与政府对抗则会被视为在祖国生死存亡之际寻衅滋事。社会民主党高层最终也无法再弥合两派之间的分歧，激进左翼派系分裂了出去。1917年4月，在1915年至1916年因违反党纪，反对战争公债而被开除的原社会民主党党员组建了独立社会民主党（USPD），较纯粹的和平主义者和"斯巴达克团"激进共产主义者都加入其中。随着1917年俄国革命爆发，激进派试图利用战时民众的强烈不满与凄惨境遇，在德国发动类似的变革。出于对共产主义革命威胁的担忧，德国军方在1917年9月支持建立了极右翼的德意志祖国党，呼吁政府寻求"胜利的和平"（Siegfrieden）。该党呼吁政府坚持作战，直到能确保德国获得新占领的土地。至此，这场战争让极端主义政党在德国政坛首次崛起。

1918年，德国的失败已无法掩盖，俄国的十月革命也令精英阶层相信，如果德国在战争状态下进入1918年底、1919年初的冬天，革命将不可避免。于是皇帝与军方独裁当局的支持率大大衰减，越来越多的中央党政客、自由党人乃至一些保守主义者都与社会民主党联合起来，呼吁停止战争，推动改革。1918

年10月，威廉二世屈服于反对派的压力，任命自由主义者马克斯·冯·巴登亲王（Prince Max von Baden）为帝国宰相。这位亲王是巴登大公国的继承人，在德国贵族中有着举足轻重的地位，因此，任命他为宰相是一个比较妥当的让步。马克斯亲王上任后发起议会改革，将帝国议会置于帝国宪法制度的核心位置，并基于这一前提与美国总统威尔逊和谈。他建议威廉二世退位，并指出这是让德国无须革命就能退出战争的唯一办法。威廉二世生怕自己走上表弟尼古拉二世那样的末路：1918年7月17日，末代沙皇全家在一间地下室里被秘密处决，其年幼的子女也未能幸免。不过，威廉心里仍打着放弃德意志帝国皇位，保留普鲁士国王头衔的算盘，尽管这一做法并不合乎宪法规定。

第一次世界大战彻底改变了德国的政治格局。德国民众漠然放任国家的部分民主体制滑向军事独裁，这表明议会政治在德国仍然很不成熟。在危急关头，德国人更期待强有力的元首人物登场，而非仰仗现行政治体制的应对能力。在这一点上，德国与法国、英国和美国都有所不同：虽然这些国家在动员状态下也会采用戒严等限制自由的临时性措施，却不会永久性地动摇国家的政治基础。第一次世界大战也严重激化了德国国内的政治对立，极端政党开始正式登上政治舞台，对稳健的政府统治造成切实威胁，这在德国是前所未有的。第一次世界大战不但摧毁了德意志帝国，也在德国埋下了社会与政治分裂的种子。无论在国外还是国内，德国的社会帝国主义与"世界政策"都以失败收场。

战时经济

"只要缔结了和平，我们就能让敌国为这场战争买单。"[15] 帝国财政大臣卡尔·赫尔菲里希（Karl Helfferich）曾对帝国议会如是说。和 1870 年俾斯麦主导的普法战争一样，德国政府从一开始就打算用贷款和债券而非税收来填补战争开支。鉴于工人阶级在战前频繁发起大规模罢工，政府在战时始终致力于维护 1914 年 8 月以来形成的脆弱的"城堡和平"。在这样的局面下，帝国议会公然讨论财政来源与去向问题似乎是很难被接受的。此外，中央党与社会民主党对发行战争公债的支持是以不增加工人阶级的负担为前提的，社会民主党党首胡戈·哈阿泽在 1914 年 8 月 4 日的演说中对此已有明确表示。在解释社会民主党为何支持发行战争公债时，哈阿泽要求政府注意到"妇女和儿童因这场战争失去了养家糊口的核心劳力，他们不但要挂念至亲的生死，还面临着饥饿的威胁"，[16] 并强调任何增加工人阶层负担的做法都是不可容忍的。与此相对，同一时期的英国政府对民众的支持充满信心，因此敢于在国内大幅增税——英国的所得税率从 1914 年的 6% 猛增至 1918 年的 30%，纳税人数在此期间增长近 2 倍。[17] 由此来看，德国政府在 1914 年 8 月 4 日提出的战争公债完全是以速战速决为前提的，其偿付主要依靠预想中战争结束后战败国的赔款。

起初，军方及其政界代言者都宣称战争所需的财政供给不成问题。毕竟，当时的德国还有著名的"国家战争金库"

（Reichskreigschatz），源于德国在普法战争中获得的赔款。这笔资金以货真价实的金币形式储藏在 1200 只木箱里，此前从未对外流通。1871 年至 1874 年，法国以黄金支付了战败赔款，这些黄金随后被德国重铸成带威廉一世头像和"威廉，德意志皇帝，普鲁士国王"字样的金马克，背面镌有德意志帝国徽章。储藏这些金币的木箱被放置在柏林郊外，施潘道（Spandau）要塞的尤利乌斯塔（Juliusturm）中。施潘道要塞始建于 16 世纪，高 30 米、顶端设有垛口的尤利乌斯塔在外观上借鉴了中世纪城堡的建筑风格，至今仍是这处文艺复兴风格要塞中最具代表性的建筑，厚达 3 米的石壁也十分适合储藏如此之多的黄金。这些金马克在铸造完工后没有被投入使用，而是被直接运至施潘道要塞。闪闪发光的国家宝藏沉睡在幽暗的城堡中，这种情景令公众浮想联翩。直到今天，"尤利乌斯塔"仍是德语中政府财政结余的代名词。因此，"国家战争金库"成为官方战争宣传的绝佳材料，可以安抚帝国议会和对财政问题抱有疑虑的民众，让他们相信战争是有财政保障的。然而，在 1914 年，这些金币的实际价值仅为 1.2 亿马克，而根据经济史学家汉斯-乌尔里希·韦勒估算，第一次世界大战平均每天的直接成本高达 1 亿马克。[18] "战争金库"虽然看似资金丰厚，却只能勉强维持 2 天的战事支出。

  截至 1919 年，第一次世界大战给德国带来近 1600 亿马克的直接支出，其中只有 16% 由税金支付，其余开支都来自贷款和战争公债。为大幅增加现金流动量，满足庞大的战争财政需求，政府发行了从 1914 年 9 月起不可在银行兑换成金币的纸币。这种纸币的价值不与国家储备的黄金直接挂钩，因此可根据需求灵活调整发行量与价值。最终，政府在战争期间先后增发货币13次，导致纸币发生严重通货膨胀，马克价值暴跌。1913年，美元对马克的汇率仍为1比4.2，到1920年2月，一个人要用32.9马克才能兑换1美元。[19]韦勒据此进一步论断称："战后德国的通货膨胀始于1914年8月。"[20]我们由此便不难理解，为什么在1916年后，即便大多数德国人都希望不惜一切代价达成和平，德国军方仍对"胜利和平"的空想越发执着——德国必须在战争中打败某个敌人，取得一些好处，才能偿付战争的开支。一场没有收获的和平只会给德国带来经济上的灾难。

人为制造的大量金钱主要是为了满足德国的两个基本需要。第一是消耗战对物力、人力和基础设施的空前需求；其次是前线军人和后方民众的基本食物与产品供应需求，至少不能让物资配给短缺的问题影响士气。而第一次世界大战的持续时间、规模和性质都意味着这两项需求根本无法得到满足。战前德国经济近一半的原材料依赖海外进口，但这一来源在开战后不久便被英国的海上封锁切断了。在1914年8月4日对德宣战的同时，英国政府随即实施了对德国的全面禁运。由于这场"饥饿封锁"确实以打击德国平民为目标之一，连美国等中立国也曾批评这一政策有违国际法，德裔美国人更因此呼吁美国采取反制措施。与此同时，海上封锁也沉重打击了国际棉花贸易，激怒了美国企业界的游说团体，认为美国政府不应以承担经济损失为代价在这场欧洲战争中站队。然而，"卢西塔尼亚号"事件和德国海军的无限制潜艇战很快就让这些反对声音统统消失，英国得以用水雷和巡逻舰艇封锁英吉利海峡与奥克尼群岛及挪威之间的北海水道，监控进入北海的商船，阻止德国海军离开北海。受制于"远海封锁"，德国损失了近一半的进口产品供应，其中既包括战争物资所需的原材料，也包括食品、咖啡和肥皂等日用品，给德国战时经济的两大基本需求带来了致命缺口。德国只能利用现有资源尽力而为：珍贵的物资供应必须尽可能节省，无法获取的货物只能用本土或盟国可获得的物品代替。

战时的困难骤然对德国经济的统合能力提出了异常严苛的要求，迫使政府采取空前程度的干预措施。但在1914年，大规模经济干预在德国并无制度基础。随着海上封锁突破无望，西线战局陷入僵持，德国当局必须放下顾虑，尽快向指令经济转换。早在1914年8月，政府便设立了"战时原材料供应局"（Kreigsrohstoffabteilung），由AEG公司创始人、犹太裔企业家瓦尔特·拉特瑙领导，这一任命也表明政府十分看重拉特瑙的经济才能。不幸的是，这场战争最终激起了德国社会的反犹主义情绪，令拉特瑙辉煌的政治生涯在1922年以悲剧告终。当时，拉特瑙驾驶自己的折叠式敞篷车开往柏林外交部，途中被极端民族主义团体"执政官组织"（Organisation Consul）成员伏击，其中一人用MP-18冲锋枪对他扫射，另一人向车内投掷手榴弹，拉特瑙当场死亡。这起惨案是德国政局在第一次世界大战时期走向激进化的写照。而讽刺的是，虽然拉特瑙这样的犹太裔商人被公众视为战争失败的祸首，拉特瑙本人却在原材料供应局局长任上尽心尽力，应对最高统帅部日益庞大的需求。硝酸钠便是其中一例：这种化学品是弹药和化肥生产所需的原料，战前的德国主要从智利进口硝酸钠。战争爆发后，在拉特瑙主持下，德国开展了用所谓的"哈伯博施法"（弗里茨·哈伯因此获得 1918 年诺贝尔化学奖）制造合成氨替代硝酸钠的研究工作，新原料成功得到推广，在军需工业和农业生产中被广泛运用。

然而，即便最高效的管理也有其局限，德国的战时经济在开战数月后便迎来了严重的供应短缺问题，强制征用和物资配给不可避免地开始了。起初，德国还能通过意大利进口棉花等原材料，但在 1915 年意大利加入协约国以后，这条供应路线也被切断。德国迅速在国内种植亚麻等作物作为替代品，但根本无法在短时间内满足纺织行业的庞大需求。与此同时，一场怪异且备受反感的强制征用运动开始了。地方政府四处征用物资，征用清单甚至包括内裤、床单、门把手和屋瓦，连教堂的大钟和铜管乐器也被熔化，私人拥有的珍贵金银珠宝被毫不留情地收走。这场行动过于极端却收效不佳，彻底暴露了德国在这场消耗战中的颓势。

当保罗·冯·兴登堡于 1914 年 8 月接过最高军事指挥权，组建第三届最高统帅部时，德国正同时面临着凡尔登、索姆河与东线布鲁西洛夫三场恶战，无论在人力还是经济上都深陷泥沼。以兴登堡名义发起的"兴登堡计划"试图将德国带入总体战。兴登堡仍不满足于 1914 年 8 月 4 日《授权法》中各政党放弃经济政策审议权、授权政府建立指令经济体系的让步，他要求国民经济为战争牺牲一切。德国的民间经济全然不在他考虑范围之内：由于战事的庞大需要，绝大部分煤炭都要转作军用，这导致德国工业能源紧缺，发电厂、供水厂彻底停摆，大片地区的生活状态退回中世纪水平。蒸汽机车得不到足够的燃煤供应，本就缺乏的物资甚至无法送抵目的地。军方高层在1916年到1918年拼命试图从战争中取得回报的想法，为德国招致有史以来最惨痛的经济危机。

在战争的最后两年里，各交战国经济实力差距不断扩大。德国原本希望成功实施施里芬计划，进行单线战争，但到1917年却不得不与大半个世界为敌。1917年底的俄国革命一度给德国带来了可以将物力集中在西线，毕其功于一役的幻想，但随着美国开动经济机器，为西线协约国送去无穷无尽的供给物资，德国最后的希望也宣告破灭。1918年10月，随着奥匈帝国崩溃，对罗马尼亚的占领失败，工业化战争必不可少的燃油资源供应被彻底切断，替代骡马和人力的机械无法发动，德国的战时经济终于穷途末路。虽然燃油储备还能坚持几个月，但当时德国民间已充斥着厌战情绪，前线战局扭转无望，国内政局也临近沸点。

德国战时经济是否应归咎于管理无方，这是史学界多年以来的争论焦点，但这个问题本身意义不大。1914年的每个参战国都无法预测第一次世界大战的规模和性质。19世纪的克里米亚战争和美国内战等战事诚然预示了近代化战争可能带来的经济破坏，但到1914年，这些战争本身已成为历史。1870年的普法战争为德国军队提供了某种战争典范：虽然出现了意料之外的困难和不愉快（尤其是对法国平民而言），但总的来说，这场战争持续时间较短，在经济上也给德国带来超出成本的好处。然而，始于1914年的消耗战在当时还是无法预想的情形，任何计划、管理和经济智慧都无法填补同盟国与协约国之间巨大的物力差距。从1914年8月的第一声枪响开始，德国在经济上的败局就已注定。

苦难与牺牲

1914年夏天，彼得·珂勒惠支正怡然享受暑假时光。这位少年加入了当时在青少年中流行的"候鸟"（Wandervogel）运动，这种活动旨在歌颂自然与前工业时代的生活方式，反抗现代化潮流。在驶离威廉港的轮船上，珂勒惠支挥别母亲凯绥，与汉斯·科赫、埃里希·克莱姆斯和理查德·诺尔三位友人一同前往挪威旅行。在远足途中，他们唱着民歌，围坐在夜晚的营火旁背诵诗歌，享受着清新的空气与迷人的美景。但在8月1日，德国宣战的消息传来，打破了旅行的平静。出于爱国热情，几位年轻人当即宣誓保卫祖国，取消了接下来的旅程。当彼得·珂勒惠支在8月6日回到柏林时，他发现自己的哥哥汉斯已经报名参军，成为一名军医，母亲也加入了民族妇女会（Nationaler Frauendienst），鼓动身边所有可用之材报名上前线。珂勒惠支家的窗前第一次挂起了黑、红、白三色国旗。这一切令彼得大为感动,他也想尽自己的一份力,履行应尽的公民责任。时年18岁的彼得(在当时的德国)尚不算成人,他必须获得父亲的许可才能志愿加入预备军。8月10日,彼得的母亲在日记里写道:"今晚,彼得恳求卡尔让自己加入志愿预备军,卡尔绞尽脑汁找出各种理由拒绝他……他还总是默然用眼神请求我为他说话……我起身走到门口,彼得也跟来了。我拥抱并亲吻了他,然后请求卡尔为他放行。"最终,彼得的爸爸同意彼得参军,彼得得以加入第207预备役步兵团,和朋友一起成为步兵。在几个星期的基本训练后,上级认为新兵已做好准备,于1914年10月12日派他们出征。彼得将母亲留给他的一本破旧的《浮士德》和一副便携式象棋装入行囊,乘火车赶往比利时前线。他的朋友埃里希·克莱姆斯如此描述了新兵们眼中的战场:

> 整整三天,我们都躺在路边……现在,我们对远远的炮声都不会有反应了。我们看到路上无数行人、物资经过:在炮兵猛力鞭打下前行的畜力炮车,军医、工兵、辎重队,还有总司令部飞驰的车队——它们都在前进,朝战场赶去。但我们只能等着,无所事事。我们是预备队。但我们能感受到战事近在眼前,随时就会降临到我们头上。只要一声"持枪就位"令下,我们就要进入战壕,加入这场"走钢丝"一般的大戏。[21]

在给儿子的信中,凯绥·珂勒惠支(Käthe Kallwitz)坦言自己担心他的生命安危,但她会靠艺术抵御忧虑,用素描"将内心的压力诉诸纸上"。由于迟迟没有回音,她的语气变得越来越急切:"我的好孩子,你是否收到了家里寄来的明信片?如果我们寄来的信全都没有送达就太奇怪了。"事实上,彼得从未接到这最后一封家书。10月30日,这封明信片被送回柏林,上面附着一张字条:"退回发件人,收件人已离世。"凯绥·珂勒惠支的小儿子上前线仅仅10天便失去了生命,她从此再也没能从悲痛与愧疚中平复过来,余生都为自己当初强烈支持儿子上战场送命的愚行而自责不已。她在20世纪20年代至30年代留下的诸多绘画、雕刻和素描作品具有震撼人心的写实风格,大多以母亲悲子为主题,例如她在1921年到1923年间完成的系列版画作品《战争》。战争期间,凯绥·珂勒惠支过于悲痛,甚至无法完成一座纪念彼得的雕塑,最终于1919年将其销毁。[22] 她的爱国主义热情也转变成激进的和平主义,让她成为政府不断强化的征兵政策的反对者。

珂勒惠支家的悲剧也是"一战"期间发生在德国各阶层数百万家庭中的悲剧。整场战争中,共有200万德国人死于前线,在1914年开战时正值19至22岁年龄的德国青年中,竟有35%未能活到4年后战争结束。"失去的一代人"在无数家庭、地方与整个德国社会中留下了巨大的空洞,他们的无谓死亡也在德国引发了持续多年的不满情绪。与英、法、美等国对战亡者的赞美不同,德国的战亡者没能获得牺牲自己、造福公众的英雄光环。死者的家人们逐渐明白,自己从一开始就不该追随皇帝参与战争,把儿子、兄弟、丈夫送上注定失败的、非正义的帝国主义战场。德国战后没有举行过停战日纪念活动,20世纪20年代的社会民主党政府也深受战争记忆的困扰。

战争期间,有很多德国人像珂勒惠支家一样,被惨烈的现实打破了爱国英雄主义幻想。1914年8月,许多家庭都曾期待自己的儿子穿着整洁的制服,佩着胸口的勋章,在圣诞节前踏进家门。但事实上,随着战事持续,越来越多的家书在寄到前线后便杳无音讯:他们的儿子不是化作被草草埋葬的尸骸,就是被彻底遗忘在异国泥泞的战场中。很多士兵即便回到后方,也带着骇人的伤残。第一次世界大战造成420万名德国人受伤,奥托·迪克斯等画家刻画过柏林及其他德国城市街头那些无法工作、沦为乞丐的残障军人。而在伤残老兵中,面部受伤者的境遇最为悲惨。因为第一次世界大战的特殊性,面部伤残在军人当中极为普遍。1914年8月开战时,前线德军士兵仍戴着标志性的尖顶盔。这种头盔不仅在堑壕战中过于显眼,其主体的皮革材质也完全无法抵御子弹与碎片的袭击。1915年,由于军用皮革奇缺,德国人开始用上浆毛毡乃至纸张制造尖顶盔,直到1916年,德军才逐步开始配发钢盔。然而,无论采用何种头盔,士兵的下颚、口鼻和眼部都完全得不到防护,爆炸的炮弹会以惊人的高速抛射出炽热的金属碎片,被击中的士兵即便捡回一条性命,往往也要惨遭毁容。皮肤和骨骼移植手术在当时尚未普及,大多数士兵能得到的只是一副掩盖创口的锡制面具,以替代被击毁的下颚、牙齿或鼻子。面部伤残者的饮食动作往往极为辛苦,还有很多人在数月

第五章 大灾难:1914—1918

或数年后死于伤口感染，侥幸活下来的人却饱受歧视——狂热的爱国主义此时正逐渐被愤怒与不满取代。

后方的形势并不比前线轻松多少。德意志统一的历程似乎证明，德国可以在不对本土居民生活造成严重影响的情况下打赢战争。因此，军方对平民的食品供应问题几乎没有规划过，决策者甚至认为没必要考虑物资配给。直到1914年底至1915年初的冬季，随着英国的海上封锁和德国国内粮食歉收造成严重的物资短缺，德国最高统帅部才开始制订计划，试图更直接地管理食品生产、分配与价格机制，但为时已晚。在1916年底到1917年初，因土豆疫病暴发，粮食短缺问题雪上加霜，德国迎来了所谓的"芜菁之冬"。据估算，战时德国因粮食短缺、营养不良而死亡的人口可能多达75万。在战争后期，煤炭、木柴与燃油的短缺导致德国人在1917年底到1918年初的严冬中不但没有电力和自来水可用，不得不忍受昏暗且不卫生的生活条件，还缺乏必要的取暖手段。而从1918年春天开始，西班牙大流感疫情经西线战场向德国国内扩散，在饥饿而缺乏抵抗力的民众中大肆传播。疫情暴发6个月后，仅柏林就有5万人死于流感，德国其他地区的病死者多达35万人。

尽管陷入如此惨重的苦难与混乱中，德国人还得为祖国战斗、劳作。所有20岁到45岁之间的男性都要强制服役7年，只有正在从事极重要专业工作的人才能豁免。政府起初不想推行强制兵役——仅仅是应对潮水般涌来的志愿参军者，征兵处已不堪重负。[23] 1914年8月开战后的最初12天里，德国陆军的总兵力从80万猛增至350万，征兵工作在此期间没有引发任何不满。但随着战事迁延日久，越来越多的死亡通知书和伤残军人被送回后方，民众对战争的热情逐渐消退。1916年12月的《义务服务法》（Hilfspflichtgesetz）强制所有未被征召入伍的适役人员到军需工厂或其他地方工作，但此时大多数身体健全的适役者都已被征入军队，只有那些岗位不可替代的专业人员仍留在后方。最高统帅部甚至不得不从前线派遣4万名矿工回后方从事生产，以解决当年冬天煤炭产量严重不足，令军民物资供应雪上加霜的问题。

若情况允许，女性也会替代男性劳动者从事农业或工业生产。有鉴于此，"兴登堡计划"一度打算对《义务服务法》进行修订，用法律强制妇女参与劳动。但有趣的是，这一想法在公众和决策层中受到广泛反对，提出后不久便被放弃了，当局转而用雇佣计划和政治宣传等手段间接鼓励女性参加生产。第一次世界大战最终并未给德国妇女带来解放，没能让她们脱离丈夫的枷锁，高高兴兴地成为工厂劳动者。诚然，"一战"期间德国女性劳动者在外工作的比例上升了12%，但20世纪70年代到80年代的诸多研究已经表明，这一变化更多反映了女性劳动力去向的重构，而非绝对数量的增长。[24] 随着民用服装等产业在战时严重衰退，纺织业作为一种典型的面向女性，且允许女性在家工作的产业，其所能提供的工作机会大大减少。随着男性工人的劳动力供应日趋短缺，女性得以进入工厂，获得报酬更高的岗位。因此，很多入厂工作的"新"女工原本就是靠工资生活，农村妇

第五章　大灾难：1914—1918

女则还是延续着祖祖辈辈的生活方式，默默无闻地打理田地，修理农具。对于新来的女同事，工厂里的男性工人往往投以轻视而非欣赏的目光。当时的工厂工人每天需要从事 14 个小时的繁重劳动，一位德国工人在 1918 年的日记中发出的怨言只是常态："每天晚上都有一个或几个女工累倒在机器前。"不过，一些女性在反战运动中发挥了极为突出的作用。凯绥·珂勒惠支、克拉拉·蔡特金和罗莎·卢森堡（Rosa Luxemburg）等社会活动家挺身而出，反对这场几乎葬送整整一代德国年轻人的无谓杀戮，替许多女性发出心声。在 1919 年，卢森堡因参与反战运动及其身为左翼组织"斯巴达克团"领导人的身份惨遭杀害。在战争结束后第一个冬天的混乱中，人称"红色罗莎"的卢森堡和其他同志一起发动革命，寻求建立社会主义政权。但她在革命期间被右翼反革命团体逮捕、审讯，被枪托砸伤失去意识，随后遭到枪决，尸体被草草抛入柏林的兰德韦尔运河。不过，她在战时和战后的英勇事迹仍被后人铭记。超过 10 万柏林市民参加了她的葬礼。时至今日，每年 1 月 15 日（即她被害的日子）都会举行纪念卢森堡的活动。

在社会意义层面上，第一次世界大战是德国人民经历的一场纯粹的苦难。虽然英法两国也曾在战争中蒙受了沉重的人员损失（法国的国土与经济财富也受到严重破坏），但其心理创伤之深，都无法与德国相提并论。1914 年，德国曾是一个骄傲的经济与军事强国，拥有世界顶尖的发明家、思想家和科学家，以及优越的国民生活水平。但开战 4 年后，德国的经济、军事与国家声誉都变得面目全非。德国的人口大幅减少，不少人即便侥幸存活，也只能与伤残、饥饿和耻辱为伴。德意志帝国的崩溃造成了极为深刻的破坏，一切牺牲、忍耐与丧失都变得毫无意义。不过，战争一方面激化了社会矛盾，让黑市交易成为民众的生命保障线，使缺乏门路的工人阶级受到死亡、伤残、疾病与饥饿的酷烈折磨，另一方面也通过某种奇特的方式成为某种凝聚力的源泉。第一次世界大战的创伤记忆与整整300年前爆发的三十年战争遥相呼应，这些集体灾难往往在德国人心中进一步巩固了民族集体抗争的共同意识。

德意志帝国的灭亡

"这是叛国！"1918年11月9日下午2点，威廉二世在位于比利时斯帕的大本营里一遍又一遍地咆哮着。他刚刚得知，自己的宰相马克斯·冯·巴登已在两个半小时前宣布皇帝退位。接到消息时，威廉二世正坐在自己的办公桌前，打算签署一份宣布放弃德意志皇位，但保留普鲁士王位的文件。马克斯亲王知道这既不合乎宪法，也不切实际。他在11月1日便派了普鲁士王国的内政大臣德鲁斯当面劝皇帝退位，但没有成功。8天后，战事与政治形势已不容等待，马克斯·冯·巴登因此抛开皇帝，自行做出决定，令威廉二世怒不可遏。皇帝坐在壁炉旁的扶手椅上，一根又一根地抽着烟，忧虑着自己与德国的未来。他开始动笔起草电报，重申了自己几天前在电话中发出的威胁："如果你们在柏林不给我安分点，我就带兵杀回去，把你们全都枪毙！"[25]但他知道，这根本起不了作用。威廉二世将稿纸揉成一团，投入火中。现在，自己必须亲自去柏林与叛徒们对质了——但在即将乘坐皇室专列回国时，他又得知地方上的骚乱者已经占领了沿线几座车站，自己已无法回国。如果皇室专列强行开动，很有可能在途中被人拦下，如果有愤怒的社会主义革命者在场，皇帝本人将有性命之忧。于是，威廉二世只得在随从帮助下乔装改扮，像寻常难民一般逃走；列车目的地从德国改成荷兰，威廉希望统治该国的奥兰治-拿骚王朝为霍亨索伦家族的亲戚提供庇护。11月10日清晨，威廉二世疲惫而屈辱地进入荷兰，在不久后来到朋友阿尔登堡-本廷克伯爵戈达尔的庄园。荷兰女王威廉明娜为如何处理威廉二世一事犹豫了两天，最终决定不将他作为战犯引渡出境。威廉明娜女王没有屈服于外部压力，而是邀请各协约国驻荷使节入宫，对他们说明荷兰为威廉二世提供政治庇护的规定条件。威廉将会避居刚刚修缮完毕的多伦庄园，过上体面的生活（据估算，他在那里第一年的开支就高达6600万马克）。在11月28日正式签署退位声明后，威廉切断了与德国的一切正式关系，被迫发誓不再参与政治。虽然他此后仍未放弃复辟的想法，但威廉此生再也没能将重振霍亨索伦王朝的念头真正付诸行动。为了排解苦闷，他养成了对伐木近乎痴迷的爱好，到1919年11月19日已创下伐倒12 000棵树的骄人纪录。他的生命也正是在这项爱好中终结的：1941年3月，他在伐木场里突然发病倒地，从此再未康复。6月4日,威廉离开人世,享年82岁。自1918年11月的风云突变以后,他再也没能回到自己的祖国。

长期以来,霍亨索伦王朝的统治是否必然倒台都是史学界争论的话题之一。克里斯托弗·克拉克认为"如果威廉没有在10月29日从柏林赶往斯帕大本营",而是像从前那样花费大量精力笼络媒体与公众舆论,"就仍有望保住皇位"。[26]与此相对,德国史学家克里斯托弗·诺恩认为1914年以来的霍亨索伦皇室权威和整个贵族阶层在德国社会的优越地位都经历了"合法性的衰退",[27]他提出德国旧制度的衰退在战前已有端倪,之后随着战争爆发而加速,最终因战争失败而积重难返。毋庸置疑的是,第一次世界大战是霍亨索伦王朝统治崩溃的首要原因。虽然在1914年以前,一些社会民主党人和自由主义者已开始呼吁建立共和制,德国民意在总体上仍愿意接受帝国现状。就连这场旷日持久的可怕战争起初也没有被归咎为威廉二世的执政失败,真正让威廉处境无法挽回的,是他在1917年至1918年的表现。在帝国臣民痛苦挣扎、失去生命的同时,他正在远离柏林的地方与宠臣们打牌取乐。他曾热衷于接触大众,但后来又畏惧民意,躲到自己的小世界里,与密友一起逃避现实。直到1918年10月28日,他才做出为自己挽回局面的决定,罢免了日趋疯狂的鲁登道夫。此时,随着协约国要求无条件投降的态度日趋明显,鲁登道夫突然扬言只有"决死一战"才能保全"军人的荣誉"。他据此提出"切腹政策",[28]还一度提议让威廉本人全副武装奔赴前线,像无数在最高统帅部指挥下赴死的战士一样在堑壕中死去，以保全名节。然而，即便威廉二世通过罢免失去理智的鲁登道夫，多少挽回了自己作为君主和个人的身后评价，他也无法借此维持德国的君主制。协约国已表达了明确的态度：改革是德国获得和平的必要前提。

1918年10月29日，鲁登道夫亲自向皇帝承认德国战败已成定局。这本应加速双方停火谈判的进程，但问题在于，既然胜局已定，此时的协约国已没有理由做任何让步。由于人力、物力的供应依然充沛，美国不惜以延长战争为代价达成全部战争目的，为此甚至不排除直接攻入德国本土的可能。面对全境沦陷的威胁，德国军方终于妥协，接受美方基于威尔逊十四点原则提出的议和条件，但在10月14日，美国已在对德国政府的外交照会中明确表示，德国必须首先废除君主的"专制统治"，才能进行和谈。威尔逊认定："缔结和平的整个过程……取决于德国在这个根本问题上能否做出明确且令人满意的保证。"[29]换言之，只要威廉二世在位，议和便没有可能；即便是德意志帝国的统治精英此刻也已意识到，改革已不可避免。因此，德意志在彻底崩溃的前夕，在外部压力的威逼与恫吓之下，迎来了货真价实却又极为短暂的民主时期。

随着威廉二世退位，宰相马克斯·冯·巴登成为改革的核心领导者。自10月1日就任起，他对德国政府进行了激烈的改造，在数周时间里推动了此前数十年间左翼政治力量求而不得的一系列改革。10月26日，由社会民主党、中央党和自由党组成的多数议员在帝国议会通过了一系列法案，将帝国议会置于德国政治体制的核心位置，规定宰相应对议会而非皇帝负责，发起战争、缔结和平的权力将归帝国议会和参议院所有。普鲁士王国将废除饱受反对的三级选举制，并重划选区，更公平地体现城市无产阶级的民意。随着皇帝在11月9日退位，德国的民主化进程已达到令协约国同意停战的标准。两天后，各方终于停止了一切交战行为。

如果这场在半信半疑中推进的民主改革只有德国精英阶层参与，美国及态度更严苛的法国和英国依然不会承认德国具有缔结和平的诚意。最终，1918年11月的"德国革命"发挥了最关键的作用。1918年10月29日，威廉二世前往比利时斯帕大本营的当天，自觉被皇帝抛弃的德国统治精英们又发布了一项命令，将自己对普通民众的轻视暴露无遗。虽然在1915年到1916年的一系列突袭后，德意志帝国海军在战争中表现消极，舰队指挥官们仍在战争濒临结束时认定，决战的时机已经到来。德国海军高层未经柏林帝国政府、最高统帅部及威廉二世同意，便命令停泊在基尔港的舰队出海与英国皇家海军展开决战。在厌倦战争、心怀愠怒的水兵们看来，这项充满了无谓的英雄主义气息的命令无异于强迫他们自杀。士兵们发起了激烈的哗变，全然拒绝对上级指挥官让步。兵变领导人被捕后，其他暴动水兵围攻了关押士兵的军事监狱，于11月3日解放了他们的同袍。社会法纪也正在瓦解，在很多社会主义者看来，多年未曾实现的革命理想终于近在眼前。革命热潮席卷了德国各地的城市，许多地方建立起苏维埃式的工人政权，夺取了地方政府的权力。火车站、邮局和新闻机构纷纷被占领，令精英阶层担心一场俄国式的剧变即将来临。目睹自己多年以来试图解放的革命幽灵正在四处游荡，社会民主党和独立社会民主党虽不甚情愿，仍试图争得这场运动的主导权。然而，无论是社会民主党人还是激进社会主义者，他们的预期最终都没能成为现实。在德国一触即发的并非真正的革命，让水兵、陆军士兵和工人们走上街头的不是消灭阶级、建立理想社会的诉求，而是深刻的厌战情绪、饥饿与绝望。只要政府能达成和平，就能平息这些人的愤怒。马克斯·冯·巴登和社会民主党的温和派领袖弗里德里希·艾伯特（Friedrich Ebert）正是看准了这一点，才合谋逼迫威廉二世下台，将德国改造为共和制政体。

11月9日，局势终于爆发。巴登的马克斯亲王知道，如果由出身贵族的自己继续领导德国政府，国内民众和协约国很难相信德国已发生实质性的改变。因此，他打破宪法的规定，将自己的宰相职权直接转让给社会民主党党首弗里德里希·艾伯特。在这个需要妥协的时期，艾伯特可谓是理想的总理人选：他做事踏实、立场温和，支持立宪君主制且广受尊敬，可以在精英和大众之间充当沟通的桥梁。由帝国议会最大党的领袖担任总理、组建新政府也能让协约国相信，德国已成为货真价实的民主国家。在柏林帝国议会大厦的阳台上，与艾伯特同为社会民主党人的好友菲利普·谢德曼向民众宣布威廉二世退位，德国已成为共和国的消息。由于担心时局会被温和派社会民主党人的改革路线主导，因此错失革命机会，"斯巴达克团"的激进社会主义者决心采取行动。"斯巴达克团"的领袖卡尔·李卜克内西是1914年12月唯一对战争公债投下反对票的帝国议会议员,他因此背负了叛国罪的指控,在战争结束前的大部分时间里身陷牢狱。谢德曼宣布德国成为"民主共和国"的两小时后,李卜克内西来到柏林王宫的阳台上,宣布一个"自由的社会主义共和国"已经成立,令听众陷入困惑。

对战后德国的两种不同设想深刻地反映了德意志帝国轰然崩溃后带来的问题。随着看似漫无止境的世界大战走向终结,德意志民族依旧缺乏安全感,内部分歧不断,且缺乏明确的政治身份意识。大多数德国人只能在"应该拒绝什么"的问题上达成共识:他们都不想看到威廉二世的统治、战争和两者施加给自己的苦难延续下去。德意志帝国不是被民主或社会主义的理想打倒,也不是被德国人民或协约国推翻的。德意志帝国的体制灭亡于其自身的缺陷,这些缺陷可以追溯到帝国成立之初:帝国建立的基石不是团结亲善,而是战争。为了维持民族的团结,帝国必须以冲突为养料,正是对冲突的饥渴,逐渐引发了1914年的大灾难。德意志帝国始于铁与血,又终于铁与血。在最后的时刻,德意志帝国的历史终于形成了闭环。

结论

全剧终?

48年前的今天，1871年1月18日，一支侵略军霸占了凡尔赛宫，在这里宣告德意志帝国成立……它生于不义，如今又灭亡于诸国的一致讨伐。诸位今天在此集会，就是为了补救这个帝国犯下的罪过，防止它再次上演。[1]

这是法国总统普恩加来在巴黎和会开幕时发表的致辞。在演讲中，他向来自30多个国家的与会代表强调了会址与会议召开日期背后的象征意义。法国邀请世界各国参加和谈，不只是为了纠正1914年至1918年的世界大战犯下的错误，还要为1871年的事情讨回公道。而早在和约内容出炉前，法国总理乔治·克列孟梭便已将凡尔赛宫定为条约签署仪式的会场。无论这场和会达成怎样的结果,法国都再也不会"被德国侵略的周期律支配"。[2] 时年 77 岁的克列孟梭在人生中两度经历德国的入侵,他决心拼尽全力,在德意志帝国的诞生地——凡尔赛宫——彻底消灭德意志帝国。

然而,德国并没有在 1919 年被真正消灭。近半个世纪的时间里,这个新生的民族国家无论在经济、政治,还是心理层面上,都已经在欧洲乃至全球确立起了自己的地位,这使得在一夜之间抹杀它既不现实,也没有好处。迫于法国在处置德国问题上的强烈态度,美英两国对克列孟梭的部分诉求做出妥协。英国首相劳合·乔治曾在事后抱怨道:"我从一开始就不同意在他们那该死的首都开和会……但那老头哭得厉害,并极力抗议,我们只能让步。"虽然在是否彻底肢解德意志国家的问题上,英美坚持反对意见,但德国最终还是失去了大片土地,其中不仅包括势必要交还法国的阿尔萨斯和洛林,还有(与部分俄国领土一起)被割让给新生波兰共和国的东部领土。北荷尔斯泰因被划归丹麦,还有一些领土被划给比利时和立陶宛。德国总共失去了 650 万人口和 2.7 万平方英里土地,相当于其战前 10% 的人口与 13% 的国土面积,由此催生的强烈不满最终给诞生于战火余烬的民主政治埋下了隐患。不过,这种程度的损失与法国提出的德国解体计划相比,还是轻了许多。法国想要鼓动以天主教为主的德意志南部邦国和莱茵兰脱离德国,最终使德国领土沿着莱茵河、美因河与奥得河被分成三部分,其中最东端的领土划归波兰,南德意志和莱茵河一带则分别组成联邦。这样一来,法国便不用再担心会有一个在人力、国土面积、军事实力与资源上两倍于自己的德意志国家了。这场战争摧毁了历史悠久的沙皇俄国、奥斯曼帝国和奥匈帝国，年轻的德意志帝国似乎也注定要在外部压力下走向解体：如果战争和胜利曾是联合整个帝国的纽带，一场耻辱的和平肯定会让德意志的脆弱统一迅速瓦解。

在被协约国军队占领的莱茵河左岸地区，法国不遗余力地鼓动着分离主义的浪潮。当地确实存在强烈的反普鲁士情绪，鲁尔工业区在"德国革命"时期爆发的运动也格外仇视霍亨索伦家族的统治。然而，与1840年莱茵危机一样，任何有可能将莱茵河左岸德意志地区划归法国的趋势都会唤起德意志人对拿破仑侵略战争的集体记忆。更何况，此时深受当地人怨憎的德意志皇帝已经退位了。莱茵兰大多数居民都对德国的战败感同身受，并对法国的复仇行为感到不快。德意志南部地区的局势同样没有朝着法国期望的方向发展。诚然，这里对柏林的普鲁士和霍亨索伦王朝政权怀有敌意，而在德国革命中，巴伐利亚地区也有争取独立的呼声。1918年11月8日，即威廉二世退位的前一天，社会主义者库尔特·艾斯纳宣称巴伐利亚是一个"自由的共和国"，要与"一小撮疯狂的普鲁士军人"挑起的战争划清界限，但以他为代表的巴伐利亚社会主义者同样不愿与资本主义阵营的法国联手。在协约国明确反对南德意志与同样以天主教为主的奥地利结成联邦之后，各邦别无选择，只得继续作为德国的一部分，在联邦制度下享有一定程度的自治。

自德国统一以来的48年里到底发生了什么，让德意志民族国家的概念如此深入人心，乃至令任何从德国分离出去的思想都只能沦为少数激进分子的幻想？莱茵兰人、巴伐利亚人和普鲁士人又是怎样变成了德国人？为什么天主教徒不想脱离德国，逃离占据德国多数的新教徒的压迫？为什么南德意志不愿与好战的普鲁士彻底撇清关系？这些问题的答案是复杂的。教育、世俗化和义务兵役制都在其中发挥了一定作用。德意志帝国时期德国人口的飞速膨胀意味着当帝国解体时，德国的人口结构仍以年轻人为主，他们在德意志民族国家的统治下出生、成长，从小歌颂统一战争，把俾斯麦奉为国父。他们都曾服过2年或3年兵役，可以在德国境内自由迁徙，在城市里和来自其他地区、邦国的同胞一起工作。不同宗教派别信徒间的婚姻也逐渐增多，科学取代宗教成为德国人生活的指导理念。此外，德国人也为本国的殖民事业感到骄傲，他们养成了对咖啡的共同爱好，由此诞生的咖啡馆文化也没有局限于特定地区，而是成了整个德国的一大特色。德国人为本国造船业、机械制造业与科研事业的成就叫好，而共同的国歌、国旗、国民英雄和领先世界的经济，足以唤起他们的自豪感。

除此之外，德国人还共同经历了第一次世界大战的深重苦难。德意志民族的男子在战壕里共度艰难岁月，妇女和儿童则在后方备受饥饿等苦难的折磨，这种共同的创伤经历进一步拉近了他们之间的距离。1918年至1919年间的绝望与耻辱带来了同样强烈的抵触与怒火，在深陷战败深渊的德国人眼里，俾斯麦和威廉缔造的帝国仿佛是德意志的黄金时代。由此，我们不难理解，为什么"代理皇帝"兴登堡在战后非但没有受到大多数德国的厌弃，反而在弗里德里希·艾伯特去世后，于1925年当选共和制德国的总统。帝国时期在时人心中成为经济繁荣、国威高扬和军力强盛的代名词，战后的魏玛共和国则与饥荒、耻辱和战败联系在一起。与战争时期的巨大苦难相比，战争爆发前的政治分歧突然变得微不足道了。最终，使德意志民族性格塑造成形的不是对民主政治的诉求，而是人民的共同经历。

第一次世界大战成为德国通往民族统一之路上的一座骇人里程碑。这场战争非但没有击垮俾斯麦与威廉着力培育的防御性民族主义，反使其进一步深化。这一次，德国用铁与血付出的代价远比半个世纪前的德意志统一战争更为惨重，其影响也深刻得多。第一次世界大战彻底消灭了德意志帝国的体制——它废除了皇位，改变了德意志的疆界，消灭了帝国的军队——但没有消灭俾斯麦的遗产。德意志帝国的形象越发被理想化，成为闪耀在德意志民族记忆中的永恒篇章，与此后席卷德国的黑暗时代形成了鲜明对比。

注释

第一章 崛起：1815—1871

1. 弗里德里希·威廉三世的国民总动员演说《致人民》（1813 年 3 月 17 日）。
2. Chisholm, pp.242-43.
3. 此时的他兼任外交大臣，对这场危机负有双重责任。
4. Taylor, p.71.
5. Andrian-Werburg, p.24.
6. 译自 1847 年的匿名小册子，该文件信息可参见 http://www.dhm.de/lemo/bestand/objekt/nn002955。
7. 引用并翻译自 Schwibbe, p.104。
8. 本书采用的（英译）文本摘自 Ullrich, *Bismark*, p.20。
9. Ibid., p.27.
10. 引自 Ullrich, p.39。
11. 译自 Reichling。
12. Epkenhans, p.67.
13. *Otto von Bismarck, Reden 1847–1869* (Speeches, 1847–1869), ed., Wilhelm Schüßler, vol. 10, *Bismarck: Die gesammelten Werke* (Bismarck: Collected Works), ed. Hermann von Petersdorff. Berlin: Otto Stolberg, 1924–35, pp.139–40. Jeremiah Riemer 翻译。
14. Weintraub, p. 395.
15. 引自 Ullrich, p. 71。

第二章　俾斯麦的帝国：1871—1888

1. MacGregor, p.375.
2. 这是马克斯·韦伯对19世纪六七十年代民族自由党与俾斯麦合作关系的反思（1918年5月）。
3. Ullrich, *Bismarck*, p.33.
4. 参见 Steinberg。
5. Prutsch, p.139.
6. 参见2017年度产地国信任指数（Made-in-Country-Index，缩写为MICI）报告。
7. Mitchell, p.178.
8. LeMO.
9. Kitchen, p.146.
10. LeMO.
11. Wagner, p.169.
12. Ibid.
13. Sturmer, Ch. 2.
14. Stern, p.50.
15. 美国国土安全部移民统计署《2008年度移民统计年鉴》。
16. 译自阿尔诺·霍尔茨1898年的诗作《屋顶直插星空》（*Ihr Dach stieß fast bis an die Sterne*）。
17. Marx.
18. Eyck.
19 Heilbronner.

第三章　三帝一相：1888—1890

1. 引自 Clark, *Wilhelm*, p.24.
2. 1890年2月4日皇帝敕令。

第四章　威廉二世的帝国：1890—1914

1. Clark, *Wilhelm*, p.79.
2. Röhl, p.41.
3. Wehler, p.62.

4. Ibid.
5. 见 Klussmann, p.94。
6. MacLean, p.89.
7. Ibid., p.88.
8. Wassermann.
9. Wehler, p.42.
10. Ullrich, p.127.
11. Wehler, Ch. II.
12. Massie, p.112.
13. 引自 Ekkehard, p.949。
14. Massie, p.113.
15. Clark, *Wilhelm*, p.75.
16. Kitchen, p.182.
17. Stolberg-Wernigerode, p.488.
18. Baumgart, p.58.
19. Nonn, p.69.
20. Clark, *Wilhelm*, p.103.
21. 引自 Clark, *Wilhelm*, p.104，奥伊伦堡致威廉二世的信。
22. Massie, p.141.
23. Kretzschmar, p.10.
24. Nonn, p.72.
25. 引自 Massie, p.xvii。
26. Thielke，见 Klussmann, Ch. 4。
27. Rischbieter, Ch. 6.
28. Wehler, p.105.
29. Chamberlain, p.542.
30. 引自 Clark, *Wilhelm*, p.83。
31. Schroder, p.287.
32. 引用并翻译自 Traub，收录于 Klussmann, Ch. 5。
33. Ibid.
34. Ullrich, *Nervoese Grossmacht*, p.360.
35. Massie, p.185.
36. 引用并翻译自 Winzen。
37. Ibid.

38. Nonn, p.80.
39. Stürmer, *Key Figures*.
40. 引用并翻译自 Egelhaaf, p.123。
41. Nonn, pp.88–92.
42. 见 J. Daniel Chamier, 1934。
43. 见《卡利古拉：罗马疯帝研究》(Caligula – Eine Studie über römischen Cäsarenwahnsinn)。
44. 见赫尔曼·卢茨 1919 年作品《威廉二世的阵发性疯癫！皇帝的人格真容》(Wilhelm II. periodisch geisteskrank! Ein Charakterbild des wahren Kaisers)。
45. Clark, *Wilhelm*, p.221.
46. Ibid., p.227.
47. 引用并翻译自 Herre。
48. 威廉二世的《匈人演说》。
49. Wehler, Ch. 8.

第五章 大灾难：1914—1918

1. 引自 Clark, *Wilhelm*, p.281。
2. Thamer, p.11.
3. 引用并翻译自 Thamer, p.21。
4. Ibid., p.25.
5. 皇帝的公开发言。
6. Robinson, p.54.
7. LeMO.
8. 1914 年 8 月 6 日威廉二世的演讲。
9. Clark, *Wilhelm*, p.334.
10. 1914 年 8 月 4 日威廉二世的演讲。
11. 1914 年 8 月 4 日胡戈·哈阿泽的演讲。
12. Thamer, p.38.
13. 引自 Clark, *Wilhelm*, p.311。
14. Nonn, p.97.
15. 引自 Wehler, p.202。
16. 胡戈·哈阿泽《社民党对开战问题的声明》。
17. "一战时期的税收"，来自英国官方统计数据。来源：www.parliament.uk。

18. Wehler, p.201.
19. 数据由加利福尼亚大学圣芭芭拉分校德国史教授哈罗德·马尔库塞（Harold Marcuse）整理。
20. Wehler., p.202.
21. 译自 Winterberg, p.90。
22. MacGregor, p.404.
23. Thamer, p.35.
24. 例如 Bajohr。
25. 译自 Kissel。
26. Clark, *Wilhelm*, p.341.
27. Nonn, p.106.
28. Ibid., p.105.
29. 《美德两国关于停战问题的通信》第 89 页。

结论　全剧终？

1. 1919 年 1 月 18 日，雷蒙·普恩加来（Raymond Poincaré）发表的《致巴黎和会代表的欢迎辞》。
2. Ibid.

参考书目

著作

Andrian-Werburg, V. (1843). *Österreich und seine Zukunft*. 3 ed. Hamburg: Hoffmann.

Bajohr, S. (1984). *Die Hälfte der Fabrik: Geschichte der Frauenarbeit in Deutschland 1914 bis 1945*. Marburg: Verlag Arbeiterbewegung U. Gesellschaftswiss.

Bew, J. (2015). *Realpolitik: A History*. Oxford: Oxford University Press.

Bry, G. (1960). *Wages in Germany*. Princeton, NJ: Princeton University Press.

Carr, W. (2010). *A History of Germany, 1815–1990*. London; New York: Bloomsbury Academic.

Charles River Editors (2018). *The Austro-Prussian War and Franco-Prussian War: The History of the Wars that Led to Prussia's Unification of Germany*. Charles River Editors.

Clark, C.M. (2007). *Iron Kingdom: The Rise and Downfall of Prussia, 1600–1947*. Cambridge, Mass.; London: Belknap.

Clark, C.M. (2014). *Kaiser Wilhelm II*. London: Routledge.

Egelhaaf, G. and Bedey, B. (2011). *Theobald von Bethmann Hollweg der fünfte Reichskanzler*. Hamburg: Severus-Verl.

Epkenhans, M., Gerhard Paul Gross and Burkhard Köster (2011). *Preussen: Aufstieg und Fall einer Grossmacht*. Darmstadt: Wissenschaftliche Buchgesellschaft.

Eyck, E. (1968). *Bismarck and the German Empire*. New York: Norton.

Fulbrook, M. (2019). *A Concise History of Germany*. Cambridge, UK; New York, USA: Cambridge University Press.

Hawes, J.M. (2019). *The Shortest History of Germany: From Julius Caesar to Angela Merkel: A Retelling for Our Times*. New York: The Experiment.

Herre, F. and Verlag Kiepenheuer & Witsch (2017). *Kaiser Wilhelm II. Monarch zwischen den Zeiten*. Köln: Kiepenheuer & Witsch.

Kent, G.O. (1978). *Bismarck and his Times*. Carbondale Edwardsville: Southern Illinois University Press.

Kitchen, M. (2012). *A History of Modern Germany, 1800 to the Present*. Chichester, West Sussex, UK: Wiley-Blackwell.

Klußmann, U. and Mohr, J. (2016). *Das Kaiserreich Deutschland unter preußischer Herrschaft: von Bismarck bis Wilhelm II*. München: Goldmann [Hamburg] Spiegel-Buchverlag.

Langer, W.L. (1977). *European Alliances and Alignments, 1871–1890*. Westport, Conn: Greenwood Press.

MacGregor, N. (2017). *Germany: Memories of a Nation*. New York: Vintage Books.

Maclean, R. (2014). *Berlin: City of Imagination*. London: Weidenfeld & Nicolson.

Macmillan, M. (2005). *Peacemakers: The Paris Conference of 1919 and its Attempt to End War*. London: John Murray.

Massie, R.K. (2007). *Dreadnought: Britain, Germany, and the Coming of the Great War*. London: Vintage.

Mitchell, A. (2006). *The Great Train Race: Railways and the Franco-German Rivalry, 1815–1914*. New York: Berghahn Books.

Nonn, C. (2015). *Bismarck: ein Preusse und sein Jahrhundert*. München: C.H. Beck.

Nonn, C. (2017). *Das deutsche Kaiserreich: von der Gründung bis zum Untergang*. München: C.H. Beck.

Palmer, A. (1978). *Bismarck*. Bergisch Gladbach: Bastei-Lübbe.

Pflanze, O. (1997). *Bismarck 1. Der Reichsgründer*. München: C.H. Beck.

Pflanze, O. (2014). *Bismarck and the Development of Germany, vol. II, The Period of Consolidation, 1871–1880*. Princeton, NJ: Princeton University Press.

Prutsch, M.J. (2019). *Caesarism in the Post-Revolutionary Age*. London: Bloomsbury.

Rischbieter, J. (2011). *Mikro-Ökonomie der Globalisierung: Kaffee, Kaufleute und Konsumenten im Kaiserreich 1870–1914*. Köln Etc.: Böhlau, Cop.

Robinson, D.H. (1994). *The Zeppelin in Combat: A History of the German Naval Airship Division, 1912–1918*. Atglen, Pa: Schiffer Military/

Aviation History.

Rochau, L. (1972). *Grundsätze der Realpolitik: Angewendet auf die staatlichen Zustände Deutschlands*. Frankfurt A.M.: Ullstein.

Röhl, J.C.G. (2014). *Kaiser Wilhelm II, 1859–1941: A Concise Life*. Cambridge: Cambridge University Press.

Schwibbe, M.H. (2008). *Zeit reise: 1200 jahre leben in Berlin*. Berlin: Zeit Reise.

Simms, B. (2014). *Europe: The Struggle for Supremacy, 1453 to the Present*. London: Penguin Books.

Stauff, P. and Ekkehard, E. (1929). *Sigilla veri: [Ph. Stauff's Semi-Kürschner]; Lexikon der Juden, -Genossen und -Gegner aller Zeiten und Zonen, insbesondere Deutschlands, der Lehren, Gebräuche, Kunstgriffe und Statistiken der Juden sowie ihrer Gaunersprache, Trugnamen, Geheimbünde. 3, Hochmann bis Lippold*. Erfurt: Bodung.

Steinberg, J. (2013). *Bismarck: A Life*. Oxford: Oxford University Press.

Stolberg-Wernigerode, O. (1972). *Neue deutsche Biographie. [9]. Neunter Band, Hess-Hüttig*. Berlin: Duncker & Humblot. C.

Stürmer, M. (2000). *The German Empire, 1870–1918*. New York: Modern Library.

Taylor, A.J.P. (1979). *The Course of German History: A Survey of the Development of Germany Since 1815*. New York: Paragon.

Thamer, H.U. (2017). *Der Erste Weltkrieg: Europa zwischen Euphorie und Elend*. Berlin: Palm Verlag.

Ullrich, V. (2014). *Die nervöse Großmacht: 1871–1918; Aufstieg und Untergang des deutschen Kaiserreichs*. Frankfurt A.M.: Fischer.

Ullrich, V. (2015). *Bismarck*. London: Haus Publishing Limited.

Verhey, J. (2006). *The Spirit of 1914: Militarism, Myth and Mobilization in Germany*. Cambridge; New York: Cambridge University Press.

Vogt, M. (1991). *Deutsche Geschichte von den Anfängen bis zur Wiedervereinigung*. Stuttgart Metzler.

Walser Smith, H. (2014). *German Nationalism and Religious Conflict: Culture, Ideology, Politics, 1870–1914*. Princeton, NJ: Princeton University Press.

Wehler, H.-U. (1997). *The German Empire: 1871–1918*. Oxford; New York: Berg, Cop.

Weintraub, S. and Mazal Holocaust Collection (1993). *Disraeli: A Biography*. New York: Truman Talley Books/Dutton.

Wende, P. (2005). *A History of Germany*. New York: Palgrave Macmillan.

Winterberg, Y. and Winterberg, S. (2015). *Kollwitz: die Biografie*. München: Bertelsmann.

Winzen, P. (2013). *Reichskanzler Bernhard von Bülow: mit Weltmachtphantasien in den Ersten Weltkrieg: eine politische Biographie.* Regensburg: Verlag Friedrich Pustet.

论文

Baumgart, W., 'Chlodwig zu Hohenlohe-Schillingsfürst', *Die deutschen Kanzler. Von Bismarck bis Kohl*, vol. 2, pp.55–67.

Brophy, J., 'The Rhine Crisis of 1840 and German Nationalism: Chauvinism, Skepticism, and Regional Reception', *The Journal of Modern History*, vol. 85, pp.1–35.

Chisholm, H., 'Rhine Province', *Encyclopædia Britannica*, vol. 23, pp.242–43.

Hatfield, D., 'Kulturkampf: The Relationship of Church and State and the Failure of German Political Reform', *Journal of Church and State*, vol. 23, pp.465–84.

Heilbronner, H., 'The Russian Plague of 1878–79', *Slavic Review*, vol. 21, pp.89–112.

LeMO. 'Lebendiges Museum Online'. *Deutsches Historisches Museum*, www.dhm.de/lemo (Accessed, 25 August 2020).

Kissel, T., 'Der schrille Zwangspensionär', *Spektrum – Die Woche*, vol. 5/2019.

Kretzschmar, U., 'Foreword', *German Colonialism: Fragments Past and Present*, pp.10–11.

Mork, G., 'Bismarck and the "Capitulation" of German Liberalism', *The Journal of Modern History*, vol. 43, pp.59–75.

Paret, P., 'Anton von Werner's "Kaiserproklamation in Versailles"', *Kunst als Geschichte. Kultur und Politik von Menzel bis Fontane*, pp.193–210.

Reichling, H., 'Das Duell', *Transcript of a Lecture,* www.reichling-zweibruecken.de/duell.htm (Accessed, 25 August 2020).

Röhl, J., 'The Kaiser and his Court', *History Review*, vol. 25, September 1996.

Schröder, W., 'Die Entwicklung der Arbeitszeit im sekundären Sektor in Deutschland 1871 bis 1913', *Technikgeschichte*, vol. 47, pp.252–302.

Shlomo, A., 'Hegel and Nationalism', *The Review of Politics,* vol. 24, pp.461–84.

Snyder, L., 'Nationalistic Aspects of the Grimm Brothers' Fairy Tales', *The Journal of Social Psychology*. vol. 33, pp.209–23.

Stapleton, F., 'The Unpredictable Dynamo: Germany's Economy,

1870–1918', *History Review*, Issue 44.
Statista. 'Made-in-Country-Index (Mici) 2017 Report', de.statista.com/page/Made-In-Country-Index (Accessed, 25 August 2020).
Stern, F., 'Money, Morals, and the Pillars of Bismarck's Society', *Central European History*, vol. 3, pp.49–72.
Wassermann, A., 'Wildwest im Ruhrgebiet', *Der Spiegel*, vol. 03/2013.

史料文献

Friedrich Wilhelm III, 'To My People' (17 March 1813). Source of English translation: Robinson, J., *Readings in European History, A collection of extracts from the sources chosen with the purpose of illustrating the progress of culture in Western Europe since the German Invasions*, vol. II, pp.522–23.
Otto von Bismarck, 'Blood and Iron Speech' (20 September 1862). Source of English translation: Riemer, J., *Otto von Bismarck, Reden 1847–1869* [Speeches, 1847–1869], vol. 10, pp.139–40.
Wilhelm Camphausen, *Die Erstürmung der Insel Alsen durch die Preußen 1864* [The Attack on the Isle of Also by the Prussians 1864]. Düsseldorf, 1866. Oil on canvas. Held in Deutsches Historisches Museum, Berlin.
Karl Marx. 'Communist Manifesto' (February 1848). 1992 Reprint. *The Communist Manifesto*. Oxford: Oxford University Press.
Otto von Bismarck, 'Kissingen Dictation' (1877). Source of English translation: Hamerow, T.S.(ed.), *The Age of Bismarck: Documents and Interpretations*. New York: Harper & Row, 1973, pp.269–72.
Richard Wagner, 'What is German?' (1865/1878). Source of English translation: Ellis, W., *Richard Wagner's Prose Works*, vol. 4, Art and Politics, 2 ed. London: William Reeves, 1912, pp.149–69.
Max Weber, 'Reflections on Co-operation between the National Liberals and Bismarck during the 1860s and 1870s' (May 1918). Source of English translation: Lassman, P. and Speirs, R., *Max Weber, Political Writings*. Cambridge: Cambridge University Press, 1994, pp.137–40.
Kaiser Wilhelm II, 'Decree of February 4, 1890 to the Reich Chancellor'. Reichs- und Staatsanzeiger [Reich and State Gazette], No.34 (5 February 1890). Original German text reprinted in Ernst Rudolf Huber, ed., *Dokumente zur Deutschen Verfassungsgeschichte* [Documents on German Constitutional History], 3 rev. ed., vol. 2, 1851–1900. Stuttgart: Kohlhammer, 1986, pp.510–11. Translation:

Erwin Fink.

Otto von Bismarck, 'Letter of Resignation' (18 March 1890). A portion of this translation was taken from Louis L. Snyder, ed., *Documents of German History*. New Brunswick, NJ: Rutgers University Press, 1958, pp.266–68. Passages omitted from Snyder's anthology were translated by Erwin Fink for *German History in Documents and Images* and added to Snyder's translation. Original German text printed in *Otto von Bismarck, Die gesammelten Werke* [Collected Works], ed. Gerhard Ritter and Rudolf Stadelmann, Friedrichsruh ed., 15 vols, vol. 6c, no. 440, Berlin, 1924–1935, p.435ff.

Bernhard von Bülow, 'Germany's 'Place in the Sun' (1897). *Stenographische Berichte über die Verhandlungen des Reichstags* [Stenographic Reports of Reichstag Proceedings]. IX LP, 5 Session, Vol. 1, Berlin, 1898, p.60. Original German text also reprinted in Rüdiger vom Bruch and Björn Hofmeister, eds., *Kaiserreich und Erster Weltkrieg 1871–1918* [Wilhlemine Germany and the First World War 1871–1918]. Deutsche Geschichte in Quellen und Darstellung, edited by Rainer A. Müller, vol. 8. Stuttgart: P. Reclam, 2000, pp.268–70. Translation: Adam Blauhut.

Chamberlain, Houston Stewart, 'Foundations of the nineteenth century' (1910). London; New York: J. Lane, 1911.

Kaiser Wilhelm II, 'Hun Speech' (1900). In Manfred Görtemaker, *Deutschland im 19. Jahrhundert. Entwicklungslinien* [Germany in the Nineteenth Century. Paths in Development]. Opladen, 1996. Schriftenreihe der Bundeszentrale für politische Bildung, vol. 274, p.357. Translation: Thomas Dunlap.

Kaiser Wilhelm II, 'Speech from the Balcony of the Royal Palace' (1 August 1914). Source of English translation: Kriegs-Rundschau I, p.43. Original German text reprinted in Wolfdieter Bihl, ed., *Deutsche Quellen zur Geschichte des Ersten Weltkrieges* [German Sources on the History of the First World War]. Darmstadt, 1991, p.49. Translation: Jeffrey Verhey.

Kaiser Wilhelm II, 'Speech from the Balcony of the Royal Palace' (6 August 1914). Source: Gilbert Krebs und Bernhard Poloni, *Volk, Reich und Nation. 1806–1918*. Pia, 1994, p.237.

Kaiser Wilhelm II, 'Speech to the Reichstag' (4 August 1914). Source: Friedrich Wilhelm Purlitz et al., eds., *Deutscher Geschichtskalender*, vol. 2, Leipzig 1914, p.47.

Hugo Haase, 'Speech to the Reichstag' (4 August 1914). Source: Gilbert Krebs und Bernhard Poloni, *Volk, Reich und Nation. 1806–1918*. Pia,

1994, p.239.

Hugo Haase, 'Social Democratic Party Statement on the Outbreak of the War' (4 August 1914), in *Verhandlungen des Reichstags* [Proceedings of the Reichstag], XIII. LP., II. Sess., 1914, Bd. 306, pp.8 ff. Original German text reprinted in Ernst Rudolf Huber, *Dokumente zur deutschen Verfassungsgeschichte* [Documents on German Constitutional History]. 2 volumes. Stuttgart: Kohlhammer Verlag, 1961, vol. 2, pp.456–57. Translation: Jeffrey Verhey.

UK Parliament, 'Taxation during the First World War'. In: www.parliament.uk/about/living-heritage/transformingsociety/private-lives/taxation/overview/firstworldwar (accessed on 25 August 2020).

Harold Marcuse, 'Historical Dollar-to-Marks Currency Conversion'. In: marcuse.faculty.history.ucsb.edu/projects/currency.htm (accessed 25 August 2020)

Käthe Kollwitz, 'Diary Entry'. Source: Grober, U., 'Das kurze Leben des Peter Kollwitz', *DIE ZEIT*, 48/1996.

Woodrow Wilson, 'Correspondence Between the United States and Germany Regarding an Armistice.' (1918). Source: *The American Journal of International Law*, vol. 13, no. 2, 1919, pp.85–96.

Raymond Poincaré, 'Welcoming Address at the Paris Peace Conference' (18 January 1919). Source: *Records of the Great War*, vol. VII, ed. Charles F. Horne, National Alumni, 1923.